PALAVRAS DE EMMANUEL

Francisco Cândido Xavier

PALAVRAS DE EMMANUEL

pelo Espírito Emmanuel

Copyright © 1954 *by*
FEDERAÇÃO ESPÍRITA BRASILEIRA – FEB

11ª edição – Impressão pequenas tiragens – 1/2025

ISBN 978-85-7328-813-1

Todos os direitos reservados. Nenhuma parte desta publicação pode ser reproduzida, armazenada ou transmitida, total ou parcialmente, por quaisquer métodos ou processos, sem autorização do detentor do *copyright*.

FEDERAÇÃO ESPÍRITA BRASILEIRA – FEB
SGAN 603 – Conjunto F – Avenida L2 Norte
70830-106 – Brasília (DF) – Brasil
www.febeditora.com.br
editorial@febnet.org.br
+55 61 2101 6161

Pedidos de livros à FEB
Comercial
Tel.: (61) 2101 6161 – comercial@febnet.org.br

Adquirindo esta obra, você está colaborando com as ações de assistência e promoção social da FEB e com o Movimento Espírita na divulgação do Evangelho de Jesus à luz do Espiritismo.

Dados Internacionais de Catalogação na Publicação (CIP)
(Federação Espírita Brasileira – Biblioteca de Obras Raras)

E54p	Emmanuel (Espírito)
	Palavras de Emmanuel / conceitos e pensamentos extraídos das obras ditadas pelo Espírito Emmanuel; [psicografado por] Francisco Cândido Xavier – 11. ed. – Impressão pequenas tiragens – Brasília: FEB, 2025.
	162 p.; 21 cm. (Coleção Emmanuel)
	ISBN 978-85-7328-813-1
	1. Espiritismo. 2. Obras psicografadas. I. Xavier, Francisco Cândido, 1910–2002. II. Federação Espírita Brasileira. III. Título. IV. Coleção.
	CDD 133.93
	CDU 133.7
	CDE 00.05.00

SUMÁRIO

Caro leitor 9
Indicador 11
  1. Às almas enfraquecidas 13
  2. A Ciência do tempo 15
  3. Advertências proveitosas 19
  4. Amor e fraternidade 25
  5. Aos aprendizes do Evangelho 29
  6. Ascensão 31
  7. Caminhos errados 35
  8. Ciência e cientificismo 39
  9. Como vencer? 43
  10. Convém não esquecer 45
  11. Cooperativismo 49
  12. Corpo humano 51
  13. Cristo e Cristianismo 53

14. Deus.................................. 59
15. Direitos e deveres..................... 61
16. Esclarecendo........................... 63
17. Espiritismo – Espiritualismo –
    Evangelho............................. 67
18. Fé – Esperança – Caridade.......... 75
19. Felicidade............................. 79
20. Filosofia da dor....................... 81
21. Filosofia da morte.................... 87
22. Filosofia da vida..................... 91
23. Filósofos e considerações
    filosóficas............................ 93
24. Grandes verdades..................... 99
25. Iluminação........................... 101
26. Incompreensão humana........... 103
27. Instituto da família................ 105
28. Liberdades........................... 107
29. Medicina do futuro................. 109
30. Médiuns – Mediunismo –
    Fenômenos espíritas................ 111
31. No campo das ideias................ 115
32. No campo dos sentimentos...... 117

33. O verbo humano e a palavra escrita....................... 121
34. Paz... 123
35. Recomendações úteis............... 125
36. Religiões................................. 129
37. Sepultura e desencarnados....... 131
38. Servir...................................... 133
39. Temas variados........................ 135
40. Trabalho................................. 143
41. Verdades duras........................ 147
42. Verdade reencarnacionista........ 151
43. Vinde a mim as criancinhas..... 155
44. Virtudes.................................. 157

CARO LEITOR

O que ides ler não é um prefácio e, sim, uma explicação, porque as obras oriundas do lápis maravilhoso de Francisco Cândido Xavier prescindem, evidentemente, de palavras laudatórias que as credenciem à opinião pública, de vez que todas elas, segundo voz corrente, passaram a constituir verdadeira enciclopédia espiritista, pois que nelas são esflorados os mais variados assuntos que focalizam, aliás com muita singeleza e de maneira convincente, questões científicas, sociais, filosóficas, históricas, religiosas, morais, a par das explanações ofertadas e altamente confortadoras para o espírito humano, nesta fase tão angustiosa que todos atravessamos.

Esta obra que hoje temos a alegria de oferecer ao público amante das letras espíritas, em feitura semelhante a que, em janeiro de 1952, demos à publicidade, com o título de *Pérolas do Além*, é constituída exclusivamente de pensamentos e ensinos de autoria do luminoso Espírito Emmanuel, extraídos de suas obras já publicadas.

Devemos advertir o prezado leitor de que em *Palavras de Emmanuel* não consta nenhum dos destaques que enfeixam *Pérolas do Além*.

Estamos certos de que esse novo livro será de grande valia, não apenas para os estudiosos, senão que também para quantos tenham a incumbência de escrever, fazer conferências, ou discursar sobre temas espíritas.

No final de cada pensamento ou ensino de Emmanuel, foi aposta a sigla do nome da obra de que esse ensino ou pensamento foi extraído.

Cumpre-nos, outrossim, esclarecer que a seguir da letra *R*, que quer dizer *Reformador* (mensário da FEB), encontram-se, em algarismos, o mês e o ano correspondentes.

Muito nos sensibilizariam os prezados leitores, oferecendo-nos suas sugestões ou reparos, acerca da coletânea *Palavras de Emmanuel*, para que pudéssemos tomá-las em consideração, quando do preparo da segunda edição deste livro.

Sylvio Brito Soares
Rio de Janeiro, 18 de abril de 1954.

INDICADOR

Sigla	Nome da obra
A. C. L.	A caminho da luz
Av. C.	Ave, Cristo!
C. V. V.	Caminho, verdade e vida
50 A. D.	Cinquenta anos depois
Con.	O consolador
Emm.	Emmanuel
Há 2.000 A.	Há dois mil anos
P. N.	Pão nosso
P. E.	Paulo e Estêvão
Pref. Ag. C.	Pref. Agenda cristã
Pref. Alv. C.	Pref. Alvorada cristã
Pref. J. no L.	Pref. Jesus no lar
Pref. Mens.	Pref. Os mensageiros
Pref. M. L.	Pref. Missionários da luz
Pref. N. M. M.	Pref. No mundo maior
Pref. N. L.	Pref. Nosso Lar
Pref. O. V. E.	Pref. Obreiros da vida eterna

Sigla	Nome da obra
R.	Reformador
Ren.	Renúncia
Rot.	Roteiro
V. L.	Vinha de luz
F. V.	Fonte viva
P. V.	Pensamento e vida

1
ÀS ALMAS ENFRAQUECIDAS

Minhas palavras de hoje são dirigidas aos que ingressam nos estudos espiritistas, tangidos pelos azorragues impiedosos do sofrimento; no auge das suas dores, recorreram ao amparo moral que lhes oferecia a Doutrina e sentiram que as tempestades amainavam... Seus corações reconhecidos voltaram-se então para as coisas espirituais; todavia, os tormentos não desapareceram. Passada uma trégua ligeira, houve recrudescência de prantos amargos.

Experimentando as mesmas torturas, sentem-se vacilantes na fé e baldos do entusiasmo das primeiras horas e é comum ouvirem-se as suas exclamações: "Já não tenho mais fé, já não tenho mais esperanças..." Invencível abatimento invade-lhes os corações tíbios e enfraquecidos na luta, desamparados na sua vontade titubeante e na sua inércia espiritual.

Essas almas não puderam penetrar o espírito da Doutrina, vagando apenas entre as águas das superficialidades. (*Emm.*)

2
A CIÊNCIA DO TEMPO

Nunca te esqueças de aproveitar o tempo na aquisição de luz, enquanto é dia. (*C. V. V.*)

•

O tempo é o nosso explicador silencioso e te revelará ao coração a bondade infinita do Pai que nos restaura a saúde da alma, por intermédio do espinho da desilusão ou do amargoso elixir do sofrimento. (*P. N.*)

•

Não te endureças na estrada que o Senhor te levou a trilhar, em favor de teu resgate, aprimoramento e santificação. Recorda a importância do tempo que se chama Hoje. (*P. N.*)

•

A existência na Terra é um livro que estás escrevendo...
Cada dia é uma página...
Cada hora é uma afirmação de tua personalidade, através das pessoas e das situações que te buscam. (*R.* — 4/1953)

•

Diz o preguiçoso: "amanhã farei".

Exclama o fraco: "amanhã, terei forças".
Assevera o delinquente: "amanhã, regenero-me".

É imperioso reconhecer, porém, que a criatura, adiando o esforço pessoal, não alcançou, ainda, em verdade, a noção real do tempo.

Quem não aproveita a bênção do dia, vive distante da glória do século. (*V. L.*)

•

Os interesses imediatistas do mundo clamam que o "tempo é dinheiro" para, em seguida, recomeçarem todas as obras incompletas na esteira das reencarnações... Os homens, por isso mesmo, fazem e desfazem, constroem e destroem, aprendem levianamente e recapitulam com dificuldade, na conquista da experiência. (*C. V. V.*)

•

À medida que o Espírito avulta em conhecimento, mais compreende o valor do tempo e das oportunidades que a Vida Maior lhe proporciona, reconhecendo, por fim, a imprudência de gastar recursos preciosos em discussões estéreis e caprichosas. (*C. V. V.*)

•

É lógico que todo homem conte com o tempo, mas, se esse tempo estiver sem luz, sem equilíbrio, sem saúde, sem trabalho?

Não obstante a oportunidade da indagação, importa considerar que muito raros são aqueles que valorizam o dia, multiplicando-se em toda a parte as fileiras dos que procuram aniquilá-lo de qualquer forma. (*C. V. V.*)

•

O tempo, implacável dominador de civilizações e homens, marcha apenas com sessenta minutos por hora, mas nunca se detém.

Guardemos a lição e caminhemos para diante, com a melhoria de nós mesmos.

Devagar, mas sempre. (F. V.)

•

Nossa personalidade, enquanto somos jovens, é semelhante à pedra preciosa por lapidar. Mas o tempo, dia a dia, nos desgasta e transforma, até que um novo entendimento da vida nos faça brilhar o coração. (Av. C.)

3
ADVERTÊNCIAS PROVEITOSAS

Em que objeto centralizas a tua crença, meu amigo? Recorda que é necessário crer sinceramente em Jesus e segui-lo, para não sermos confundidos. (*V. L.*)

•

O novo crente flagela a quantos lhe ouvem os argumentos calorosos, azorragando costumes, condenando ideias alheias e violentando situações, esquecido de que a experiência da alma é laboriosa e longa e de que há muitas esferas de serviço na casa de Nosso Pai. (*V. L.*)

•

Toda crise é fonte sublime de espírito renovador para os que sabem ter esperança. (*V. L.*)

•

As dificuldades de qualquer natureza são sempre pedras simbólicas, asfixiando-nos as melhores esperanças do dia, do ideal, do trabalho ou do destino, que recebemos na glória do tempo.

É necessário saber tratá-las com prudência, serenidade e sabedoria. (*R.* — 10/1952)

•

O dinheiro é sempre bom quando com ele podemos adquirir a simpatia ou a misericórdia dos homens. (*P. E.*)

•

Se procuras, amigo, a luz espiritual; se a animalidade já te cansou o coração, lembra-te de que, em Espiritualismo, a investigação conduzirá sempre ao Infinito, tanto no que se refere ao campo infinitesimal, como à esfera dos astros distantes, e que só a transformação de ti mesmo, à luz da Espiritualidade superior, te facultará acesso às fontes da Vida divina. (Pref. *Mens.*)

•

Lembra-te de que os problemas se estendem ao Infinito...
Cada ser, cada criatura, cada consciência possui necessidades diferentes entre si. (*R.* — 2/1953)

•

É muito fácil falar aos que nos interpelam, de maneira a satisfazê-los, e não é difícil replicar-lhes como convém aos nossos interesses e conveniências particulares; todavia, dirigirmo-nos aos outros, com a prudência amorosa e com a tolerância educativa, como convém à sã Doutrina do Mestre, é tarefa complexa e enobrecedora, que requisita a ciência do bem no coração e o entendimento evangélico nos raciocínios. (*V. L.*)

•

A luta em família é problema fundamental da redenção do homem na Terra. Como seremos benfeitores de cem ou mil pessoas, se ainda não aprendemos a servir cinco ou dez criaturas? Esta é indagação lógica que se estende a todos os discípulos sinceros do Cristianismo. (*P. N.*)

•

Saber não é tudo. É necessário fazer. E para bem fazer, homem algum dispensará a calma e a serenidade, imprescindíveis ao êxito, nem desdenhará a cooperação, que é a companheira dileta do amor. (*V. L.*)

•

A imaginação não é um país de névoa, de criações vagas e incertas. É fonte de vitalidade, energia, movimento... (*Rot.*)

•

Nosso corpo espiritual, em qualquer parte, refletirá a luz ou a treva, o céu ou o inferno que trazemos em nós mesmos. (*Rot.*)

•

A noção de cárcere, como a dor do remorso, nunca foram observadas no horizonte azul nem no canto dos pássaros, simplesmente porque residem dentro de nós mesmos. (*Ren.*)

•

As mensagens edificantes do Além não se destinam apenas à expressão emocional, mas, acima de tudo, ao teu senso de filho de Deus, para que faças o inventário de tuas próprias realizações e te integres, de fato, na responsabilidade de viver diante do Senhor. (Pref. *Mens.*)

•

O pão do corpo é uma esmola pela qual sempre receberá a justa recompensa, mas o sorriso amigo é uma bênção para a eternidade. (*P. N.*)

•

Não te mortifiques pela obtenção do ensejo de aparecer nos cartazes enormes do mundo. Isso pode traduzir muita dificuldade e perturbação para teu Espírito, agora ou depois. (*V. L.*)

•

Em toda tarefa, lembra-te do Cristo e passa adiante com o teu esforço sincero. Não te perturbem as desconfianças, a calúnia e a má-fé, atento a que Jesus venceu galhardamente tudo isso!... (*P. E.*)

•

A verdade para ser totalmente compreendida precisa ser tratada entre corações da mesma idade espiritual. (*50 A. D.*)

•

Não se colhe a verdade, na vida, como quem engaiola uma ave na floresta.
A verdade é luz. Somente o coração alimentado de amor e o cérebro enriquecido de sabedoria podem refletir-lhe a grandeza. (*Rot.*)

•

Amealharás enorme fortuna, todavia ignorarás, por muitos anos, a que região da vida te conduzirá o dinheiro. (*V. L.*)

•

Esqueçamos os velhos caprichos do nosso "eu", que, muitas vezes, nos prendem a escuras ilusões. (*R. — 10/1953*)

•

Não creias em salvadores que não demonstrem ações que confirmem a salvação de si mesmos. (*C. V. V.*)

•

Abstenhamo-nos de maldizer onde não possamos louvar. (*R.* — 10/1953)

•

Hoje, como ontem, Jesus prescinde das nossas guerrilhas de palavras, das nossas tempestades de opinião, do nosso fanatismo sectário e do nosso exibicionismo nas obras de casca sedutora e miolo enfermiço. (*Av. C.*)

4
AMOR E FRATERNIDADE

Aprende a semear a luz no solo dos corações, conduzindo o arado milagroso do amor, para que as sombras da ignorância abandonem a Terra para sempre. (*R.* — 8/1950)

•

A nobreza de caráter, a confiança, a benevolência, a fé, a Ciência, a penetração, os dons e as possibilidades são fios preciosos, mas o amor é o tear divino que os entrelaçará, tecendo a túnica da perfeição espiritual. (*V. L.*)

•

O determinismo do amor e do bem é a lei de todo o universo e a alma humana emerge de todas as catástrofes em busca de uma vida melhor.
(A. C. L.)

•

Indaguemos, estudemos, movimentemo-nos na esfera científica e filosófica; todavia, não nos esqueçamos do "amemo-nos uns aos outros" como o Senhor nos amou. Sem amor, os mais alucinantes oráculos são igualmente aquele "sino que tange" sem resultados práticos para as nossas necessidades espirituais. (*R.* — 9/1948)

•

O livro, o jornal, a tribuna, o gabinete, o laboratório e a pesquisa são forças imprescindíveis à formação do homem espiritualizado da Nova Era. Entretanto, observando os problemas complexos da atualidade, quando a Ciência erige catafalcos à própria grandeza, intoxicando os valores intelectuais, é imperioso atender, acima de tudo, à sementeira do coração. (*R.* — 3/1952)

•

Enderecemos ao Senhor as nossas oferendas e sacrifícios em cotas abençoadas de amor ao próximo, adorando-o, através do altar do coração, e prossigamos no trabalho que nos compete realizar. (*R.* — 12/1949)

•

Madalena, que se engrandece no amor, é a beleza que renasce eterna, e Lázaro, que se ergue do sepulcro, é a vida triunfante que ressurge imortal. (*Rot.*)

•

Só uma lei existe e sobreviverá aos escombros da inquietação do homem — a lei do amor, instituída por meu Pai, desde o princípio da Criação... (*Há 2.000 A.*)

•

As portas do Céu permanecem abertas. Nunca foram cerradas. Todavia, para que o homem se eleve até lá, precisa de asas de amor e sabedoria. (*P. N.*)

•

Esquecer o mal é aniquilá-lo, e perdoar a quem o pratica é ensinar o amor, conquistando afeições sinceras e preciosas.

Daí a necessidade do perdão no mundo, para que o incêndio do mal possa ser exterminado, devolvendo-se a paz legítima aos corações. (*Con.*)

•

O determinismo divino se constitui de uma só lei, que é a do amor para a comunidade universal. (*Con.*)

•

A grande maravilha do amor é o seu profundo e divino contágio. Por esse motivo, o Espírito encarnado, para regenerar os seus irmãos da sombra, necessita iluminar-se primeiro. (*Con.*)

•

Não atires as joias cintilantes da sabedoria ao ignorante, mas não te esqueças de oferecer-lhe a bênção do alfabeto, para que diminua a miséria espiritual do mundo, desde hoje. (*R.* — 10/1953)

•

Usa, cada hora, o gesto espontâneo de fraternidade imperceptível e os teus singelos depósitos, aparentemente insignificantes, capitalizarão, em teu benefício, um tesouro de glórias no Céu. (*R.* — 11/1949)

•

Esquece e caminha. Muitas vezes, o coração do amigo é ainda frágil e cede ao primeiro impulso da arrasadora ventania do mal. (*R.* — 8/1950)

•

No turbilhão dos conflitos que asfixiam as melhores aspirações do povo, é necessário sejamos o apoio fraterno e providencial de quantos se colocam em busca de um roteiro para as esferas mais altas. (*R.* — 3/1952)

•

O sorriso de fraternidade, a ajuda silenciosa, a humildade sem alarde, a flor da gentileza e o gesto amigo cabem, prodigiosamente, em qualquer parte. (*R.* — 6/1950)

•

O afeto, a confiança e a ternura devem ser tão espontâneos quanto as águas cristalinas de um manancial. (*Av. C.*)

5
AOS APRENDIZES DO EVANGELHO

Cada aprendiz há de ser uma página viva do livro que Jesus está escrevendo com o material evolutivo da Terra. O discípulo gravará o Evangelho na própria existência ou então se preparará ao recomeço do aprendizado, porquanto, sem fixar em si mesmo a luz da lição, debalde terá crido. (*P. N.*)

•

O problema do discípulo do Evangelho não é o de ler para alcançar novidades emotivas ou conhecer a Escritura para transformá-la em arena de esgrima intelectual, mas, o de ler para atender a Deus, cumprindo-lhe a divina Vontade. (*V. L.*)

•

Quando o aprendiz da Boa-Nova receber a visita de Jesus e dos emissários divinos, no plano interno, então a discórdia e o sectarismo terão desaparecido do continente sublime da fé. (*V. L.*)

•

Os discípulos de boa vontade necessitam da sincera atitude de observação e tolerância. É natural que se regozijem com o alimento rico e substancioso com que lhes é dado nutrir a alma; no entanto, não desprezem outros irmãos, cujo organismo espiritual ainda não tolera senão o leite simples dos primeiros conhecimentos. (*C. V. V.*)

6
ASCENSÃO

A luta e o trabalho são tão imprescindíveis ao aperfeiçoamento do Espírito, como o pão material é indispensável à manutenção do corpo físico. É trabalhando e lutando, sofrendo e aprendendo, que a alma adquire as experiências necessárias na sua marcha para a perfeição. (*Con.*)

•

Cada homem é uma casa espiritual que deve estar, por deliberação e esforço do morador, em contínua modificação para melhor. (*V. L.*)

•

O homem não pode nutrir a pretensão de retificar o mundo ou os seus semelhantes dum dia para outro, atormentando-se em aflições descabidas, mas deve ter cuidado de si, melhorando-se, educando-se e iluminando-se, sempre mais. (*V. L.*)

•

Pelo caminho da ascensão espiritual, denominado *cada dia*, encontrarás variados recursos de aprimoramento, a cada passo. (*R.* — 7/1952)

•

Quando os discípulos do Evangelho começam a entender o valor da corrigenda, eleva-se-lhes a mente a planos mais altos da vida. (*V. L.*)

•

Somente quando atendemos, em tudo, aos ensinamentos vivos de Jesus, é que podemos quebrar a escravidão do mundo em favor da libertação eterna. (*P. N.*)

•

Os que se amam em espírito, unem-se em Cristo para a eternidade das emoções mais santas. (*P. E.*)

•

Da sensação à irritabilidade, da irritabilidade ao instinto, do instinto à inteligência e da inteligência ao discernimento, séculos e séculos correram incessantes. (*Rot.*)

•

Toda modificação para melhor reclama luta, tanto quanto qualquer ascensão exige esforço. (*V. L.*)

•

Será muito fácil ao homem confessar a aceitação de verdades religiosas, operar a adesão verbal a ideologias edificantes... Outra coisa, porém, é realizar a obra da elevação de si mesmo, valendo-se da autodisciplina, da compreensão fraternal e do espírito de sacrifício. (*C. V. V.*)

•

À medida que o homem progride moralmente, mais se aperfeiçoará o processo da sua comunhão com os planos invisíveis que lhe são superiores. (*Emm.*)

•

Os espíritas sinceros devem compreender que os fenômenos acordam a alma, como o choque de energias externas que faz despertar uma pessoa adormecida; mas somente o esforço opera a edificação moral, legítima e definitiva. (*Con.*)

•

Olvidemos o desperdício da energia, os caprichos da infância espiritual e cresçamos, para ser, com o Pai, os tutores de nós mesmos. (*V. L.*)

7
CAMINHOS ERRADOS

Os afeiçoados à calúnia e à maledicência distribuem venenosos quinhões de trevas com que se improvisam grandes males e grandes crimes. (*V. L.*)

•

A calúnia é isolada no algodão do silêncio. (*R.* — 7/1952)

•

Se o caluniador pudesse desintegrar a crosta de sombra que lhe enlouquece a visão, observando o sofrimento que o espera no acerto de contas com a verdade, paralisaria as cordas vocais ou imobilizaria a pena, a fim de não confiar-se à acusação descabida. (*R.* — 6/1953)

•

Não será lícito perdermos tempo em contendas inúteis, quando o trabalho do Cristo reclama o nosso esforço. (*P. E.*)

•

Lute-se contra o crime, mas ampare-se a criatura que se lhe enredou nas malhas tenebrosas. (*P. N.*)

•

A descrença só conhece a vida pelas sombras que os seus movimentos projetam e nada entende além da noite e do pântano a que se condena por deliberação própria. (*C. V. V.*)

•

Se cuidarmos muito de nós mesmos, nesse capítulo de sofrimentos, não daremos conta do recado; e se paralisarmos a marcha nos lances difíceis, ficaremos com os tropeços e não com o Cristo. (*P. E.*)

•

Se o homicida conhecesse, de antemão, o tributo de dor que a vida lhe cobrará, no reajuste do próprio destino, preferiria não ter braços para desferir qualquer golpe. (*R.* — 6/1953)

•

A inatividade costuma induzir-nos a falsas apreciações dos desígnios de Deus, a impaciências, a desesperações e rebeldias... (*Ren.*)

•

A criatura que apenas trabalhasse, sem método e sem descanso, acabaria desesperada, em horrível secura do coração; aquela que apenas se mantivesse genuflexa, estaria ameaçada de sucumbir pela paralisia e ociosidade. (*C. V. V.*)

•

Quem se preocupa em transpor diversas portas, em movimento simultâneo, acaba sem atravessar porta alguma. (*P. N.*)

•

Cérebros e corações, mãos e pés, em disponibilidade, palavras ocas e pensamentos estanques constituem congelamento deplorável do serviço da evolução. (*Rot.*)

•

A intolerância jamais compareceu ao lado de Jesus, na propagação da Boa-Nova. (*Rot.*)

•

A queixa é um vício imperceptível que distrai pessoas bem-intencionadas da execução do dever justo. (*V. L.*)

•

A queixa não atende à realização cristã, em parte alguma, e complica todos os problemas. (*V. L.*)

•

Lembra-te de que o tédio é um insulto à fraternidade humana, porque a dor e a necessidade, a tristeza e a doença, a pobreza e a morte não se acham longe de ti.

Há muito trabalho por fazer, além dos teus muros felizes. (*R.* — 3/1950)

•

Ser tentado é ouvir a malícia própria, é abrigar os inferiores alvitres de si mesmo, porquanto, ainda que o mal venha do exterior, somente se concretiza e persevera se com ele afinamos, na intimidade do coração. (*C. V. V.*)

•

É imprescindível vigiar a boca, porque o verbo cria, insinua, inclina, modifica, renova ou destrói, por dilatação viva de nossa personalidade. (*V. L.*)

•

Certo, o caminho humano oferece, diariamente, variados motivos à ação enérgica; entretanto, sempre que possível, é útil adiar a expressão colérica para o dia seguinte, porquanto, por vezes, surge a ocasião de exame mais sensato e a razão da ira desaparece. (*C. V. V.*)

•

A cólera não resolve os problemas evolutivos e nada mais significa que um traço de recordação dos primórdios da vida humana em suas expressões mais grosseiras. (*Con.*)

8
CIÊNCIA E CIENTIFICISMO

O concurso científico é sempre útil, quando oriundo da consciência esclarecida e da sinceridade do coração. Importa considerar, todavia, que a Ciência do mundo, se não deseja continuar no papel de comparsa da tirania e da destruição, tem absoluta necessidade do Espiritismo, cuja finalidade divina é a iluminação dos sentimentos, na sagrada melhoria das características morais do homem. (*Con.*)

•

Os homens, em verdade, aprenderam a Química com a natureza, copiaram as suas associações, desenvolvendo a sua esfera de estudos, e inventaram uma nomenclatura, reduzindo os valores químicos, sem lhes apreender a origem divina. (*Con.*)

•

Desde o ponto inicial de suas observações, a Física é obrigada a reconhecer a existência de Deus em seus divinos atributos. Para demonstrar o sistema do mundo, o cientista não recorreu ao chamado *eixo imaginário*? Basta essa incógnita para que o homem seja conduzido a ilações mais altas, no domínio transcendente. (*Con.*)

•

As criaturas têm notícias muito imperfeitas do universo, em razão da exiguidade dos seus pobres cinco sentidos.

É por isso que o homem terá sempre um limite nas suas observações da matéria, força e movimento, não só pela deficiência de percepção sensorial, como também pela estrutura do olho, onde a Sabedoria divina delimitou as possibilidades humanas de análise, de modo a valorizar os esforços e iniciativas da criatura. (*Con.*)

•

A Ciência esclarece que a energia faz o movimento, mas a força é cega e a matéria não tem características de espontaneidade.

Só na Inteligência divina encontramos a origem de toda coordenação e de todo equilíbrio; razão pela qual, nas suas questões mais íntimas, a Física da Terra não poderá prescindir da lógica com Deus. (*Con.*)

•

As leis da gravitação não podem ser as mesmas para todos os planetas, mesmo porque, em face da vossa evolução científica, já compreendeis que os princípios newtonianos foram substituídos, de algum modo, pelos conceitos de relatividade, conceitos esses que, por sua vez, seguirão, igualmente, o curso progressivo do conhecimento. (*Con.*)

•

Entre a cultura terrestre e a sabedoria do Espírito há singular diferença, que é preciso considerar. A primeira se modifica todos os dias e varia de concepção nos indivíduos que se constituem seus expositores, dentro das mais evidentes características de instabilidade; a segunda, porém, é o conhecimento divino, puro e inalienável, que a alma vai armazenando no seu caminho, em marcha para a vida imortal. (*Con.*)

•

Que é a carne?

Cada personalidade espiritual tem o seu corpo fluídico e ainda não percebestes, porventura, que a carne é um composto de fluidos condensados? Naturalmente, esses fluidos, em se reunindo, obedecerão aos imperativos da existência terrestre, no que designais por lei de hereditariedade; mas, esse conjunto é passivo e não determina por si. Podemos figurá-lo como casa terrestre, dentro da qual o Espírito é dirigente, habitação essa que tomará as características boas ou más de seu possuidor. (*C. V. V.*)

•

Corpos sólidos, líquidos, gasosos, fluidos densos e radiantes, energias sutis, raios de variadas espécies e poderes ocultos tecem a rede em que a nossa consciência se desenvolve, na expansão para a imortalidade gloriosa. (*Rot.*)

•

O orbe terrestre é um grande magneto, governado pelas forças positivas do Sol. Toda matéria tangível representa uma condensação de energia dessas forças sobre o planeta e essa condensação se verifica debaixo da influência organizadora do princípio espiritual, preexistindo a todas as combinações químicas e moleculares. É a alma das coisas e dos seres o elemento que influi no problema das formas, segundo a posição evolutiva de cada unidade individual. (*Emm.*)

•

O organismo fluídico, caracterizado por seus elementos imutáveis, é o assimilador das forças protoplásmicas, o mantenedor da aglutinação molecular que organiza as configurações típicas de cada espécie, incorporando-se, átomo por átomo, à matéria do germe e dirigindo-a, segundo a sua natureza particular. (*Emm.*)

9
COMO VENCER?

O coração tem mil caminhos para a felicidade, quando procuramos aceitar a vontade de Deus. (*Ren.*)

•

Os corações endurecidos geram nuvens de desconfiança por onde passam. (*V. L.*)

•

Se és discípulo do Senhor, aproveita a oportunidade na construção do bem. Semeando paz, colherás harmonia; santificando as horas com o Cristo, jamais conhecerás o desamparo. (*V. L.*)

•

Não basta multiplicar as promessas ou pedir variadas tarefas ao mesmo tempo. Antes de tudo, é indispensável receber a ordenação do Senhor, cada dia, e executá-la do melhor modo. (*V. L.*)

•

No esforço redentor, é indispensável que não se percam de vista as possibilidades pequeninas: um gesto, uma palestra, uma hora, uma frase pode representar sementes gloriosas para edificações imortais. Imprescindível, pois, jamais desprezá-las. (*P. N.*)

•

Nos teus dias de luta, portanto, faze os votos e promessas que forem de teu agrado e proveito, mas não te esqueças da ação e da renovação aproveitáveis na obra divina do mundo e sumamente agradáveis aos olhos do Senhor. (*V. L.*)

•

Na esfera carnal, a glória e a miséria constituem molduras de temporária apresentação. (*C. V. V.*)

•

O dinheiro ou a necessidade material, a doença e a saúde do corpo são condições educativas de imenso valor para os que saibam aproveitar o ensejo de elevação em sua essência legítima. (*C. V. V.*)

10
CONVÉM NÃO ESQUECER

Todas as doutrinas religiosas têm a sua razão de ser no seio das coletividades, onde foram chamadas a desempenhar a missão de paz e de concórdia humana. Todos os seus males provêm justamente dos abusos do homem, em amoldá-las ao abismo de suas materialidades habituais. (*Emm.*)

•

A simpatia ou a antipatia têm as suas raízes profundas no Espírito, na sutilíssima entrosagem dos fluidos peculiares a cada um e, quase sempre, de modo geral, atestam uma renovação de sensações experimentadas pela criatura, desde o pretérito delituoso, em iguais circunstâncias.

Devemos, porém, considerar que toda antipatia, aparentemente a mais justa, deve morrer para dar lugar à simpatia que edifica o coração para o trabalho construtivo e legítimo da fraternidade. (*Con.*)

•

Há obsessores terríveis do homem, denominados *orgulho, vaidade, preguiça, avareza, ignorância* ou *má vontade,* e convém examinar se não se é vítima dessas energias perversoras que, muitas vezes, habitam o coração da criatura, enceguecendo a para a compreensão da luz de Deus. Contra esses elementos destruidores, faz-se preciso um novo gênero de preces, que se constitui de trabalho, fé, esforço e boa vontade. (*Con.*)

•

É imprescindível caminhar na direção dos lobos, não na condição de fera contra fera, mas na posição de cordeiros-embaixadores; não por emissários da morte, mas por doadores da vida eterna. (*V. L.*)

•

É preciso lançar a regra do silêncio e da paz à fogueira das lucubrações tormentosas, para que nossa existência não se transforme em voraginoso inferno. (*Ren.*)

•

A grande luta não reside no combate com o sangue e a carne, propriamente, mas sim com as nossas disposições espirituais inferiores. (*P. N.*)

•

A confissão pública dos próprios defeitos, nos tempos apostólicos, constituía para o homem forte barreira, evitando sua reincidência na falta. Um sentimento profundo de verdadeira humildade movia o coração nesses momentos, oferecendo-lhes as melhores possibilidades de resistência ao assédio das tentações, e semelhante princípio representava como que uma vacina contra as úlceras do remorso e das chagas morais. (*Emm.*)

•

Muitos chegam à obra, todavia, não passam além da letra, cooperando nas organizações puramente intelectuais; uns improvisam sistemas teológicos, outros contribuem na estatística e outros ainda se preocupam com a localização histórica do Senhor. (*P. N.*)

•

Entidades discutidoras, levianas, rebeldes e inconstantes transitam em toda parte. Além disso, incógnitas e problemas surgem para os habitantes dos dois planos.

Em vista de semelhantes razões, os adeptos do progresso efetivo do mundo, distanciados da vida física, pugnam pelo Espiritismo com Jesus, convertendo-nos o intercâmbio em fator de espiritualidade santificante. (*P. N.*)

•

No serviço divino, é aconselhável não disputar, a não ser quando o esclarecimento e a energia traduzem caridade. Nesse caminho, a prática do bem é a bússola do ensino. (*C. V. V.*)

•

O pensamento é o gerador dos infracorpúsculos ou das linhas de força do mundo subatômico, criador de correntes de bem ou de mal, grandeza ou decadência, vida ou morte, segundo a vontade que o exterioriza e dirige. (*Rot.*)

•

A residência da alma permanece situada no manancial de seus próprios pensamentos. (*Rot.*)

•

A experiência é necessária como chave bendita que descerra as portas da compreensão. (*Emm.*)

•

Nas comunidades de trabalho cristão, muitas vezes observamos companheiros altamente preocupados com a tarefa conferida a outros irmãos de luta.

É justo examinar, entretanto, como se elevaria o mundo se cada homem cuidasse de sua parte, nos deveres comuns, com perfeição e sinceridade. (*C. V. V.*)

•

A escola é um centro de indução espiritual, onde os mestres de hoje continuam a tarefa dos instrutores de ontem. (*P. V.*)

•

O desejo é a alavanca de nosso sentimento, gerando a energia que consumimos, segundo a nossa vontade. (*P. V.*)

11
COOPERATIVISMO

Sem cooperação, não poderia existir amor; e o amor é a força de Deus, que equilibra o universo. (*P. E.*)

•

O mundo material é uma tenda de esforços infinitos, onde fomos chamados a colaborar com o Criador no aperfeiçoamento de suas obras. É impossível a cooperação perfeita, sem lar e sem prole. (*Ren.*)

•

Tua esposa mantém-se em nível inferior à tua expectativa? Lembra-te de que ela é mãe de teus filhinhos e serva de tuas necessidades. Teu esposo é ignorante e cruel? Não olvides que ele é o companheiro que Deus te concedeu... (*V. L.*)

•

Se pretendes viver retamente, não dês a César o vinagre da crítica acerba. Ajuda-o com o teu trabalho edificante, no sadio desejo de acertar, convicto de que ele e nós somos filhos do mesmo Deus. (*P. N.*)

•

Um pão singelo é gloriosa síntese do trabalho de equipe da natureza. Sem as lides da sementeira, sem as dádivas do Sol, sem as bênçãos da chuva, sem a defesa contra os adversários da lavoura, sem a assistência do homem, sem o concurso do moinho e sem o auxílio do forno, o pão amigo deixaria de existir. (*Rot.*)

•

Quem dá o pão ao faminto e água ao sedento, remédio ao enfermo e luz ao ignorante, está colaborando na edificação do Reino Divino, em qualquer setor da existência ou da fé religiosa a que foi chamado. (*V. L.*)

•

A cooperação espontânea é o supremo ingrediente da ordem. (*P. V.*)

12
CORPO HUMANO

No templo miraculoso da carne, em que as células são tijolos vivos na construção da forma, nossa alma permanece provisoriamente encerrada, em temporário olvido, mas não absoluto, porque, se transporta consigo mais vasto patrimônio de experiência, é torturada por indefiníveis anseios de retorno à espiritualidade superior, demorando-se, enquanto no mundo opaco, em singulares e reiterados desajustes. (*Rot.*)

•

No corpo humano, temos na Terra o mais sublime dos santuários e uma das supermaravilhas da Obra divina.

Da cabeça aos pés, sentimos a glória do supremo Idealizador que, pouco a pouco, no curso incessante dos milênios, organizou para o Espírito em crescimento o domicílio de carne em que a alma se manifesta. Maravilhosa cidade estruturada com vidas microscópicas quase imensuráveis, por meio dela a mente se desenvolve e purifica, ensaiando-se nas lutas naturais e nos serviços regulares do mundo, para altos encargos nos círculos superiores.

A bênção de um corpo, ainda que mutilado ou disforme, na Terra, é como preciosa oportunidade de aperfeiçoamento espiritual, o maior de todos os dons que o nosso planeta pode oferecer. (*Rot.*)

•

O corpo é para o homem santuário real de manifestação, obra-prima do trabalho seletivo de todos os reinos em que a vida planetária se subdivide. (*Rot.*)

13
CRISTO E CRISTIANISMO

Cristo não é somente uma figuração filosófica ou religiosa nos altiplanos do pensamento universal. É também o restaurador da casa espiritual dos homens. (*V. L.*)

•

É óbvio que o mundo inteiro reclama visão com o Cristo, mas não basta ver simplesmente; os que se circunscrevem ao ato de enxergar podem ser bons narradores, excelentes estatísticos; entretanto, para ver e glorificar o Senhor, é indispensável marchar nas pegadas do Cristo, escalando, com Ele, a montanha do trabalho e do testemunho. (*V. L.*)

•

O Cristo não fundou com a sua doutrina um sistema de deuses e devotos, separados entre si; criou vigoroso organismo de transformação espiritual para o bem supremo, destinado a todos os corações sedentos de luz, amor e verdade. (*P. N.*)

•

Cristo ensinou a paciência e a tolerância, mas nunca determinou que seus discípulos estabelecessem acordo com os erros que infelicitam o mundo. Em face dessa decisão, foi à cruz e legou o último testemunho de não violência, mas também de não acomodação com as trevas em que se compraz a maioria das criaturas. (*C. V. V.*)

•

Para que alguém sinta a influência santificadora do Cristo, é preciso retificar a estrada em que tem vivido. (*C. V. V.*)

•

Para a generalidade dos estudiosos, o Cristo permanece tão somente situado na História, modificando o curso dos acontecimentos políticos do mundo; para a maioria dos teólogos, é simples objeto de estudo, nas letras sagradas, imprimindo novo rumo às interpretações da fé; para os filósofos, é centro de polêmicas infindáveis, e, para a multidão dos crentes inertes, é o benfeitor providencial nas crises inquietantes da vida comum. (Pref. *J. no L.*)

•

Com o Cristo, não vemos a ideia de repouso improdutivo como preparação do Céu. (*Rot.*)

•

Os títulos do Cristo não são os da inatividade, com isenção de responsabilidades e esforço. (*V. L.*)

•

O Cristo é o nosso Guia divino para a conquista santificante do Mais Além...
Não te afastes dele. (*Rot.*)

•

A vaidade humana sempre guardou a pretensão de manter o Cristo nos círculos do sectarismo religioso, mas Jesus prossegue operando em toda parte onde medre o princípio do bem. (*P. N.*)

•

Ninguém olvide a verdade de que o Cristo se encontra no umbral de todos os templos religiosos do mundo, perguntando, com interesse, aos que entram: *Que buscais?* (*C. V. V.*)

•

O dinheiro de Jesus é o amor. Sem ele, não é lícito aventurar-se alguém ao sagrado comércio das almas. (*C. V. V.*)

•

Para executar sua divina missão de amor, Jesus não contou com a colaboração imediata de Espíritos aperfeiçoados e compreensivos e, sim, *aniquilou-se a si mesmo, tomando a forma de servo, fazendo-se semelhante aos homens*. (*C V. V.*)

•

Com o nascimento de Jesus, há como que uma comunhão direta do Céu com a Terra. Estranhas e admiráveis revelações perfumam as almas e o Enviado oferece aos seres humanos toda a grandeza do seu amor, da sua sabedoria e da sua misericórdia.

Aos corações abre-se nova torrente de esperanças e a humanidade, na manjedoura, no Tabor e no Calvário, sente as manifestações da vida celeste, sublime em sua gloriosa espiritualidade. (*Emm.*)

•

Toda a movimentação de páginas rasgáveis, portadoras de vocabulário restrito, representa fase de preparo espiritual, porque o objetivo de Jesus é inscrever os seus ensinamentos em nossos corações e inteligências. (*V. L.*)

•

Não se reveste o ensinamento de Jesus de quaisquer fórmulas complicadas.

Guardando embora o devido respeito a todas as escolas de revelação da fé com os seus colégios iniciáticos, notamos que o Senhor desce da Altura, a fim de libertar o templo do coração humano para a sublimidade do amor e do conhecimento. (*Rot.*)

•

Antes de tudo, precisamos compreender que Jesus não foi um filósofo e nem poderá ser classificado entre os valores propriamente humanos, tendo-se em conta os valores divinos de sua hierarquia espiritual, na direção das coletividades terrícolas. (*Con.*)

•

Jesus não é símbolo legendário; é um Mestre vivo. (*C. V. V.*)

•

O cristão é um ponto vivo de resistência ao mal, onde se encontre.

Pensa nisto e busca entender a significação do verbo suportar. (*P. N.*)

•

Ninguém, de certo, poderá reprovar o ato de pedir e, muito menos, deixará de louvar a iniciativa de quem dá a esmola material; todavia, é oportuno considerar que, à medida que o homem se cristianiza, iluminando as suas energias interiores, mais se afasta da condição de pedinte para alcançar a condição elevada do mérito, pelas expressões sadias do seu trabalho. (*Con.*)

•

O Cristianismo é a síntese, em simplicidade e luz, de todos os sistemas religiosos mais antigos, expressões fragmentárias das verdades sublimes trazidas ao mundo na palavra imorredoura de Jesus. (*Con.*)

•

Se Cristianismo é esperança sublime, amor celeste e fé restauradora, é também trabalho, sacrifício, aperfeiçoamento incessante. (*C. V. V.*)

•

É justo recomendar muito cuidado aos que se interessam pelas vantagens da política humana, reportando-se a Jesus e tentando explicar, pelo Evangelho, certos absurdos em matéria de teorias sociais.

Quase sempre, a lei humana se dirige ao governado, nesta fórmula: — *O que tens me pertence.*

O Cristianismo, porém, pela boca inspirada de Pedro, assevera aos ouvidos do próximo: — *O que tenho, isso te dou.*

Já meditaste na grandeza do mundo, quando os homens estiverem resolvidos a dar do que possuem para o edifício da evolução universal? (*P. N.*)

14
DEUS

Católicos, protestantes, espíritas, todos eles se movimentam, ameaçados pelo monstro da separação, como se o pensamento religioso traduzisse fermento da discórdia. Querem todos que Deus lhes pertença, mas não cogitam de pertencer a Deus. (*V. L.*)

•

A mais elevada concepção de Deus que podemos abrigar no santuário do Espírito é aquela que Jesus nos apresentou, em no-lo revelando Pai amoroso e justo, à espera dos nossos testemunhos de compreensão e de amor. (*P. N.*)

•

A flor é um apelo à sensibilidade, induzindo-nos a reverenciar a Perfeição excelsa, que distribui amor e beleza, em todos os recantos do caminho. (*R.* — 1/1953)

•

A Ciência infatigável procura, agora, a matéria-padrão, a força-origem, simplificada, da qual crê emanarem todos os compostos, e é nesse estudo proveitoso que ela própria, afirmando-se ateia, descrente, caminha para o conhecimento de Deus. (*Emm.*)

•

É curioso notar que o próprio Cristo, em sua imersão nos fluidos terrestres, não cogitou de qualquer problema inoportuno e inadequado.

Não se sentou na praça pública para explicar a natureza de Deus e, sim, chamou-lhe simplesmente *nosso Pai*, indicando os deveres de amor e reverência com que nos cabe contribuir na extensão e no aperfeiçoamento da Obra divina. (*Rot.*)

•

Desde quando começou na Terra o serviço de adoração a Deus? Perde-se o alicerce da fé na sombra dos evos insondáveis.

Dir-se-ia que o primeiro impulso da planta e do verme, à procura da luz, não é senão anseio religioso da vida, em busca do Criador que lhes instila o ser. (*Rot.*)

•

Deus é o Pai magnânimo e justo.

Um pai não distribui padecimentos. Dá corrigendas e toda corrigenda aperfeiçoa. (*C. V. V.*)

15
DIREITOS E DEVERES

Os direitos da nossa condição não traduzem deveres de impiedade... (*Há 2000 A.*)

•

Cada criatura foi chamada pela Providência a determinado setor de trabalhos espirituais na Terra.

Em razão desta verdade, meu amigo, vê o que fazes e não te esqueças de subordinar teus desejos a Deus, nos negócios que por algum tempo te forem confiados no mundo. (*V. L.*)

•

É muito importante o conhecimento do bem, mas que não esqueçamos as boas obras; é justo se nos dilate a esperança, diante do futuro, à frente da sublimidade dos outros mundos em glorioso porvir, mas não olvidemos os pequeninos deveres da hora que passa. (*V. L.*)

•

Não estamos na obra do mundo para aniquilar o que é imperfeito, mas para completar o que se encontra inacabado. (*V. L.*)

•

Onde estivermos, atendamos ao impositivo de nossas tarefas, convencidos de que nossas mãos substituem as do celeste Trabalhador, embora em condição precária. (*V. L.*)

•

A profissão, honestamente exercida, embora em regime de retribuição, inclina os semelhantes para o culto ao dever. (*P. V.*)

•

O dever define a submissão que nos cabe a certos princípios estabelecidos como leis pela Sabedoria divina, para o desenvolvimento de nossas faculdades. (*P. V.*)

16
ESCLARECENDO

Ninguém penetra o círculo da vida terrena em processo absolutamente uniforme, como não existem fenômenos de desencarnação com analogia integral. Cada alma possui a sua porta de *entrada* e *saída*, conforme as conquistas próprias. (*V. L.*)

•

Os altares e as galerias patrióticas da Terra foram sempre comprometidos pela política rasteira das paixões. Poucos heróis do planeta fazem jus a esse título no mundo da verdade. É por essa razão que a história do orbe, sendo exata no concernente à descrição e à cronologia, é ilegítima no que se refere à justiça e à sinceridade. (*Con.*)

•

A legislação de Moisés está cheia de lendas e de crueldades compatíveis com a época, mas, escoimada de todos os comentários fabulosos a seu respeito, a sua figura é, de fato, a de um homem extraordinário, revestido dos mais elevados poderes espirituais. Foi o primeiro a tornar acessíveis às massas populares os ensinamentos somente conseguidos à custa de longa e penosa iniciação, com a síntese luminosa de grandes verdades. (*Emm.*)

•

De vez em quando, surgem grupos religiosos que preconizam o absoluto retiro das lutas humanas para os serviços da oração.

Nesse particular, entretanto, o Mestre é sempre a fonte dos ensinamentos vivos. O trabalho e a prece são duas características de sua atividade divina.

Jesus nunca se encerrou a distância das criaturas, com o fim de permanecer em contemplação absoluta dos quadros divinos que lhe iluminavam o coração, mas também cultivou a prece em sua altura celestial. (*C. V. V.*)

•

Com o Mestre, a regra áurea é a novidade divina, porque Jesus a ensinou e exemplificou, não com virtudes parciais, mas em plenitude de trabalho, abnegação e amor, à claridade das praças públicas, revelando-se aos olhos da humanidade inteira. (*C. V. V.*)

•

A Ciência será frágil e pobre sem os valores da consciência, as escolas religiosas estarão condenadas, tão logo se afastem da verdade e do bem. (*C. V. V.*)

•

O tédio representará sempre o fruto amargo da precipitação de quantos se atiram a patrimônios que lhes não competem. (*C. V. V.*)

•

Quem ouve, aprende. Quem fala, doutrina.
Um guarda, outro espalha.

Só aquele que guarda, na boa experiência, espalha com êxito. (*C V. V.*)

•

Asseverou Jesus: "Quem busca, acha."
Quem procura o mal encontra-se com o mal igualmente. Existe perfeita correspondência entre nossa alma e a alma das coisas. Não expendemos uma hipótese, examinamos uma lei. (*C. V. V.*)

•

O Socialismo é uma bela expressão de cultura humana, enquanto não resvala para os polos do extremismo. (*Con.*)

•

Entre julgar e discernir, há sempre grande distância. O ato de julgar para a especificação de consequências definitivas pertence à Autoridade divina, porém, o direito da análise está instituído para todos os Espíritos, de modo que, discernindo o bem e o mal, o erro e a verdade, possam as criaturas traçar as diretrizes do seu melhor caminho para Deus. (*Con.*)

•

O grande erro das criaturas humanas foi entronizar apenas a inteligência, olvidando os valores legítimos do coração nos caminhos da vida. (*Con.*)

•

A melhor ação pode, às vezes, padecer a incompreensão alheia, no instante em que é exteriorizada, mas será sempre vitoriosa, a qualquer tempo, pelo benefício prestado ao indivíduo ou à coletividade. (Con.)

•

Como nos tempos mais recuados das civilizações mortas, temos de reafirmar que a maior necessidade da criatura humana ainda é a do conhecimento de si mesma. (*Con.*)

•

Com Jesus, começou o legítimo feminismo. Não aquele que enche as mãos de suas expositoras com estandartes coloridos de ideologias políticas do mundo, mas que lhes traça nos corações diretrizes superiores e santificantes. (*P. N.*)

•

O progresso mental é o grande doador de renovação ao equipamento do Espírito em qualquer plano de evolução. (*Rot.*)

•

O quadro material que existe na Terra não foi formado pela Vontade do Altíssimo; ele é o reflexo da mente humana, desvairada pela ambição e pelo egoísmo. (*Emm.*)

•

A história da Criação, no livro de Moisés, idealizando o Senhor diante do abismo, simboliza a força da mente perante o cosmos. (*Rot.*)

•

Ninguém salvará um náufrago sem expor-se ao chicote das ondas. (*Av. C.*)

17
ESPIRITISMO – ESPIRITUALISMO – EVANGELHO

O Espiritismo, em sua feição de Cristianismo redivivo, tem papel muito mais alto que o de simples campo para novas observações técnicas da Ciência instável do mundo. (*C. V. V.*)

•

O Espiritismo é a luz de uma nova renascença para o mundo inteiro. Para que a sublime renovação se concretize, porém, é necessário nos convertamos em raios vivos de sua santificante claridade, ajustando a nossa individualidade aos imperativos do Infinito Bem. (*R.* — 3/1952)

•

Espiritismo sem Evangelho é apenas sistematização de ideias para transposição da atividade mental, sem maior eficiência na construção do porvir humano. (*R.* — 9/1948)

•

Ao Espiritismo cristão cabe, atualmente, no mundo, grandiosa e sublime tarefa.

Não basta definir-lhe as características veneráveis de Consolador da humanidade, é preciso também revelar-lhe a feição de movimento libertador de consciências e corações. (Pref. *M. L.*)

•

O Espiritismo, nos tempos modernos, é, sem dúvida, a revivescência do Cristianismo em seus fundamentos mais simples. (*Rot.*)

•

O Espiritismo é, acima de tudo, o processo libertador das consciências, a fim de que a visão do homem alcance horizontes mais altos. (*Rot.*)

•

O Espiritismo será, indiscutivelmente, a força do Cristianismo em ação para reerguer a alma humana e sublimar a vida. (*Rot.*)

•

O Espiritismo, sob a luz do Cristianismo, vem ao mundo para acordar-nos. (*Rot.*)

•

Em nosso campo doutrinário, precisamos, em verdade, do Espiritismo e do Espiritualismo, mas, muito mais, de espiritualidade. (Pref. *N. L.*)

•

O Espiritismo não é somente o antídoto para as crises que perturbam os habitantes da Terra; os seus ensinamentos salutares e doces reerguem, nos desencarnados, as esperanças desfalecidas à falta de amparo e de alimento;

é aí que a Doutrina edifica os transviados do dever e os sofredores saturados desses acerbos remorsos que somente as lágrimas fazem desaparecer. (*Emm.*)

•

O Espiritismo é o grande iniciador da Sociologia, por significar o Evangelho redivivo, que as religiões literalistas tentaram inumar nos interesses econômicos e na convenção exterior de seus prosélitos. (*Con.*)

•

O Espiritismo esclarece que o homem é senhor de um patrimônio mais vasto, consolidado nas suas experiências de outras vidas, provando que o legítimo fundamento da vida mental não reside, de maneira absoluta, na contribuição dos sentidos corporais, mas também nas recordações latentes do pretérito, das quais os fenômenos da inteligência prematura, na Terra, são os testemunhos mais eloquentes. (*Con.*)

•

Somente à luz do Espiritismo poderão os métodos psicológicos apreender que a zona oculta, da esfera psíquica de cada um, é o reservatório profundo das experiências do passado, em existências múltiplas da criatura, arquivo maravilhoso, onde todas as conquistas do pretérito são depositadas em energias potenciais, de modo a ressurgirem no momento oportuno. (*Con.*)

•

Somente com a cooperação do Espiritismo poderá a Ciência psicológica definir a sede da inteligência humana, não nos complexos nervosos ou glandulares do corpo perecível, mas no Espírito imortal. (*Con.*)

•

O Espiritismo, sem Evangelho, pode alcançar as melhores expressões de nobreza, mas não passará de atividade destinada a modificar-se ou desaparecer, como todos os elementos transitórios do mundo. (*Con.*)

•

Espiritismo não expressa simples convicção de imortalidade: é clima de serviço e edificação. (*P. N.*)

•

Numerosos filósofos hão compendiado as teses e conclusões do Espiritismo no seu aspecto filosófico, científico e religioso; todavia, para a iluminação do íntimo, só tendes no mundo o Evangelho do Senhor, que nenhum roteiro doutrinário poderá ultrapassar. (*Con.*)

•

O espírita sincero deve compreender que a iluminação de uma consciência é como se fora a iluminação de um mundo, salientando-se que a tarefa do Evangelho, junto das almas encarnadas na Terra, é a mais importante de todas, visto constituir uma realização definitiva e real. A missão da Doutrina é consolar e instruir, em Jesus, para que todos mobilizem as suas possibilidades divinas no caminho da vida. Trocá-la por lugar no banquete dos Estados é inverter o valor dos ensinos, porque todas as organizações humanas são passageiras em face da necessidade de renovação de todas as fórmulas do homem na lei do progresso universal, depreendendo-se daí que a verdadeira construção da felicidade geral só será efetiva com bases legítimas no Espírito das criaturas. (*Con.*)

•

Irmãos e amigos. Ainda é para o estudo e a prática do Evangelho, em sua primitiva pureza, que tereis de voltar o vosso entendimento, se quiserdes salvar da destruição o patrimônio de conquistas grandiosas da vossa civilização. (*Emm.*)

•

Confessai-vos uns aos outros, buscando de preferência aqueles a quem ofendestes e, quando a vossa imperfeição não vo-lo permita, procurai ouvir a Voz de Deus, na voz da vossa própria consciência. (*Emm.*)

•

O Evangelho do divino Mestre ainda encontrará, por algum tempo, a resistência das trevas. A má-fé, a ignorância, a simonia, o império da força conspirarão contra ele, mas tempo virá em que a sua ascendência será reconhecida. Nos dias de flagelo e de provações coletivas, é para a sua luz eterna que a humanidade se voltará tomada de esperança.

Então, novamente se ouvirão as palavras benditas do Sermão da montanha e, através das planícies, dos montes e dos vales, o homem conhecerá o caminho, a verdade e a vida. (*Emm.*)

•

O Evangelho é o Sol da imortalidade que o Espiritismo reflete, com sabedoria, para a atualidade do mundo. (*V. L.*)

•

O Evangelho não se reduz a breviário para o genuflexório. É roteiro imprescindível para a legislação e administração, para o serviço e para a obediência. (*C. V. V.*)

•

Adaptarmo-nos ao Evangelho é descobrir outro país, cuja grandeza se perde no Infinito da alma. (*P. E.*)

•

O Evangelho do Cristo é o Sol que ilumina as tradições e os fatos da antiga Lei. (*P. E.*)

•

Registrarás sublimes narrações do Infinito na palavra dos grandes orientadores, ouvirás muitas vozes amigas que te lisonjearão a personalidade, escutarás novidades que te arrebatam ao êxtase; entretanto, somente com Jesus no Evangelho bem vivido é que reestruturaremos a nossa individualidade eterna para a sublime ascensão à Consciência do universo. (*Rot.*)

•

Grande injustiça comete quem afirma encontrar no Evangelho a religião da tristeza e da amargura.
Indubitavelmente, o sacerdócio muita vez impregnou o horizonte cristão de nuvens sombrias, com certas etiquetas do culto exterior, mas o Cristianismo, em sua essência, é a revelação da profunda alegria do Céu entre as sombras da Terra. (*Rot.*)

•

Quando o homem percebe a grandeza da Boa-Nova, compreende que o Mestre não é apenas o reformador da civilização, o legislador da crença, o condutor do raciocínio ou o doador de felicidades terrestres, mas também, acima de tudo, o renovador da vida de cada um. (Pref. *J. no L.*)

•

Sem a Boa-Nova, a nossa Doutrina consoladora será provavelmente um formoso parque de estudos e indagações, discussões e experimentos, reuniões e assembleias, louvores e assombros, mas a felicidade não é produto de deduções e demonstrações. (*Rot.*)

•

O Evangelho é código de paz e felicidade que precisamos substancializar dentro da própria vida! (*Av. C.*)

•

Quem exercita a compreensão do Evangelho acende lume no próprio coração para clarear a senda dos entes queridos, na Terra ou além da morte... (*Av. C.*)

18
FÉ – ESPERANÇA – CARIDADE

É necessário guardar a fé, contudo, se não a testemunhamos, nos trabalhos de cada dia, permaneceremos na velha superfície do palavrório. (*V. L.*)

•

A árvore da fé viva não cresce no coração, miraculosamente. (*V. L.*)

•

Ninguém pode, em sã consciência, transferir, de modo integral, a vibração da fé ao Espírito alheio, porque, realmente, isso é tarefa que compete a cada um. (*V. L.*)

•

Quando fizeres o costumeiro balanço de tua fé, repara, com honestidade imparcial, se estás falando apenas do Cristo ou se procuras seguir-lhe os passos, no caminho comum. (*V. L.*)

•

Admitir a verdade, procurá-la e acreditar nela são atitudes para todos; contudo, reter a fé viva constitui a realização divina dos que trabalharam, porfiaram e sofreram pela adquirir. (*P. N.*)

•

A maioria das pessoas inquietas pede alívio, apressadamente, como se a consolação real fosse obra de improviso, a impor-se de fora para dentro. Se tens fé, aprende a orar nas situações difíceis. (*R.* — 3/1950)

•

Ter fé é guardar no coração a luminosa certeza em Deus, certeza que ultrapassou o âmbito da crença religiosa, fazendo o coração repousar numa energia constante de realização divina da personalidade. (*Con.*)

•

A Ciência construirá para o homem o clima do conforto e enriquecê-lo-á com os brasões da cultura superior; a Filosofia auxiliá-lo-á com valiosas interpretações dos fenômenos em que a eterna Sabedoria se manifesta, mas somente a fé, com os seus estatutos de perfeição íntima, consegue preparar nosso Espírito imperecível para a ascensão à glória universal. (*Rot.*)

•

Os homens de fé não são aqueles apenas palavrosos e entusiastas, mas os que são portadores igualmente da atenção e da boa vontade, perante as lições de Jesus, examinando-lhes o conteúdo espiritual para o trabalho de aplicação no esforço diário. (*P. N.*)

•

Jesus, na condição de Mestre divino, sabe que os aprendizes nem sempre poderão acertar inteiramente, que os erros são próprios da escola evolutiva e, por isto mesmo, a esperança é um dos cânticos sublimes do seu Evangelho de amor. (*V. L.*)

•

A esperança é a filha dileta da fé. Ambas estão, uma para outra, como a luz reflexa dos planetas está para a luz central e positiva do Sol. (*Con.*)

•

Caridade essencial é intensificar o bem, sob todas as formas respeitáveis, sem olvidarmos o imperativo de autossublimação para que outros se renovem para a vida superior, compreendendo que é indispensável conjugar, no mesmo ritmo, os verbos *dar* e *saber*. (*V. L.*)

•

Bondade e conhecimento, pão e luz, amparo e iluminação, sentimento e consciência são arcos divinos que integram os círculos perfeitos da caridade.
Não só receber e dar, mas também ensinar e aprender. (*V. L.*)

•

O bem que praticares, em algum lugar, é teu advogado em toda parte. (*V. L.*)

•

Quantos se dizem portadores da caridade para o mundo e relegam o lar ao desespero e ao abandono?!... (*R.* — 11/1951)

•

Tanto quanto no Cristianismo primitivo, puro e simples, a caridade para nós não possui privilégios e nem fronteiras, e a fé, para manifestar-se, não reclama lugares especiais. (*R.* — 12/1952)

•

Sai, cada dia, de ti mesmo, e busca sentir a dor do vizinho, a necessidade do próximo, as angústias de teu irmão e ajuda quanto possas.

Não te galvanizes na esfera do próprio *eu*. (*R.* — 1/1953)

•

A caridade para com o instrutor não é a mesma que devemos prestar ao aprendiz, e a assistência ao homem enfermo não é igual a que nos cabe dispensar ao homem robusto. A essência do bem é uma em suas raízes fundamentais, mas os seus métodos de manifestação variam infinitamente. (*R.* — 2/1953)

•

As boas obras são frases de luz que endereças à humanidade inteira. (*R.* — 4/1953)

•

A mão que escreve um livro nobre é respeitável e generosa, todavia, a mão que socorre um doente é sublime e santa. (*R.* — 6/1953)

19
FELICIDADE

Enquanto houver um gemido na paisagem em que nos movimentamos, não será lícito cogitar de felicidade isolada para nós mesmos. (*R.* — 9/1949)

•

Usemos o silêncio, a desculpa e a compreensão, com o exemplo vivo do nosso próprio esforço na edificação do bem e o tempo se incumbirá de tudo transformar, em auxílio de nossa felicidade, dentro dos imperativos inevitáveis da constante renovação. (*R.* — 3/1951)

•

A felicidade tem base no dever cumprido. (*Ren.*)

•

O homem renovado para o bem é a garantia substancial da felicidade humana. (Pref. *Ag. C.*)

•

Facilidades materiais costumam estagnar-nos a mente, quando não sabemos vencer os perigos fascinantes das vantagens terrestres. (*R.* — 10/1953)

•

O problema da felicidade pessoal nunca será resolvido pela fuga ao processo reparador. (*F. V.*)

20
FILOSOFIA DA DOR

Quantas enfermidades pomposamente batizadas pela ciência médica não passam de estados vibratórios da mente em desequilíbrio? (*V. L.*)

•

A agonia prolongada pode ter finalidade preciosa para a alma e a moléstia incurável pode ser um bem, como a única válvula de escoamento das imperfeições do Espírito em marcha para a sublime aquisição de seus patrimônios da vida imortal. (*Con.*)

•

A doença sempre constitui fantasma temível no campo humano, qual se a carne fosse tocada de maldição; entretanto, podemos afiançar que o número de enfermidades, essencialmente orgânicas, sem interferências psíquicas, é positivamente diminuto. (*V. L.*)

•

A doença incurável traz consigo profundos benefícios. Que seria das criaturas terrestres sem as moléstias dolorosas que lhes apodrecem a vaidade? Até onde poderiam ir o orgulho e o personalismo do espírito humano, sem a constante ameaça de uma carne frágil e atormentada? (*Con.*)

•

Em muitas ocasiões, a contrariedade amarga é aviso benéfico e a doença é recurso de salvação. (*V. L.*)

•

Há criaturas doentes que lastimam a retenção no leito e choram aflitas, não porque desejem renovar concepções acerca dos sagrados fundamentos da vida, mas por se sentirem impossibilitadas de prolongar os próprios desatinos. (*P. N.*)

•

Se te encontras atado ao leito, incapaz de mobilizar as próprias energias, em benefício de ti mesmo, recorda que, por vezes, a lição da enfermidade deve ser mais longa, a favor de nossa grande libertação no futuro. (*R.* — 2/1953)

•

Os aleijões de nascença e as moléstias indefiníveis constituem transitórios resultados dos prejuízos que, individualmente, causamos à corrente harmoniosa da evolução. (*Rot.*)

•

A moléstia incurável é um escoadouro bendito de nossas imperfeições. (*Ren.*)

•

O amor equilibra, a dor restaura. É por isso que ouvimos muitas vezes: Nunca teria acreditado em Deus se não houvesse sofrido. (*C. V. V.*)

•

O homem comum, nos seus interesses mesquinhos, não considera a dor senão como resgate e pagamento, desconhecendo o gozo de padecer por cooperar sinceramente na edificação do Reino do Cristo. (*Ren.*)

•

Abençoa as dores que te ferem o Espírito e estraçalham o coração. Essas amarguras atrozes obrigam-te a calar, para que a verdade te fale à consciência. (*Ren.*)

•

A dor é o preço sagrado de nossa redenção... (*50 A. D.*)

•

Ninguém passará ileso nos caminhos do mundo.
As pedras da incompreensão e da dor, no ambiente comum da existência carnal, chovem sobre todos. (*R. — 10/1952*)

•

A maioria dos nossos irmãos na Terra caminha para Deus, sob o ultimato das dores, mas não aguardes pelo açoite de sombras, quando podes seguir, calmamente, pelas estradas claras do amor. (*P. N.*)

•

A lei das provas é uma das maiores instituições universais para a distribuição dos benefícios divinos. (*Con.*)

•

Um guia espiritual pode ser um bom amigo, mas nunca poderá desempenhar os vossos deveres próprios, nem vos arrancar das provas e das experiências imprescindíveis à vossa iluminação. (*Con.*)

•

Dor e sacrifício, aflição e amargura são processos de sublimação que o Mundo maior nos oferece, a fim de que a nossa visão espiritual seja acrescentada. (*R.* — 10/1953)

•

Não basta sofrer simplesmente para ascender à glória espiritual. Indispensável é saber sofrer, extraindo as bênçãos de luz que a dor oferece ao coração sequioso de paz. (*V. L.*)

•

Todas as criaturas sofrem no cadinho das experiências necessárias, mas bem poucos Espíritos sabem padecer como cristãos, glorificando a Deus. (*V. L.*)

•

Toda dor física é um fenômeno, enquanto que a dor moral é essência. Daí a razão por que a primeira vem e passa, ainda que se faça acompanhar das transições de morte dos órgãos materiais, e só a dor espiritual é bastante grande e profunda para promover o luminoso trabalho do aperfeiçoamento e da redenção. (*Con.*)

•

Numerosas criaturas sentem-se eminentemente sofredoras, por não lhes ser possível a prática do mal; revoltam-se outras porque Deus não lhes atendeu aos caprichos perniciosos. (*C. V. V.*)

•

O sofrimento de muitos homens, na essência, é muito semelhante ao do menino que perdeu seus brinquedos. (*C. V. V.*)

•

Lágrimas, nos lares da carne, frequentemente expressam júbilos de lares celestiais. Os orientadores divinos, porém, não folgam porque os seus tutelados sejam detentores de padecimentos, mas justamente porque semelhante situação indica possibilidades renovadoras no trabalho de aperfeiçoamento. (*V. L.*)

•

A dor espreitar-nos-á a existência, porque a dor é o selo do aperfeiçoamento moral no mundo... (*Av. C.*)

•

O sofrimento é a forja purificadora, onde perdemos o peso das paixões inferiores, a fim de nos alçarmos à vida mais alta... Quase sempre é na câmara escura da adversidade que percebemos os raios da Inspiração divina, porque a saciedade terrestre costuma anestesiar-nos o Espírito... (*Av. C.*)

•

Treva e sofrimento são estados de nossa posição imperfeita, à frente do Altíssimo... (*Av. C.*)

•

A dor é o lado avesso da alegria, assim como a sombra é o reverso da luz... Mas, na economia das verdades eternas, só a alegria e a luz nunca morrem. (*Av. C.*)

•

As enfermidades *congênitas* nada mais são que reflexos da posição infeliz a que nos conduzimos no pretérito próximo. (*P. V.*)

21
FILOSOFIA DA MORTE

O cadáver é detrito da carne, enquanto que um morto é alguém que se ausenta da vida.
Há muita gente que perambula nas sombras da morte, sem morrer. (*R.* — 1/1953)

•

Lembra-te de que as civilizações se sucedem no mundo, há milhares de anos, e que os homens, por mais felizes e por mais poderosos, foram constrangidos à perda do veículo de carne para o acerto de contas morais com a eternidade. (*R.* — 3/1953)

•

A morte é a grande colecionadora que recolherá as folhas esparsas de tua biografia, gravada por ti mesmo, nas vidas que te rodeiam. (*R.* — 4/1953)

•

Em desencarnando, não entra o Espírito na posse de poderes absolutos. A morte significa apenas uma nova modalidade de existência, que continua, sem milagres e sem saltos. (*Emm.*)

•

As lágrimas que dilaceram, as mágoas que pungem, as desilusões que fustigam o coração, constituem elementos atenuantes da vossa imperfeição, no tribunal augusto, onde pontifica o mais justo, magnânimo e íntegro dos juízes. Sofrei e confiai, que o silêncio da morte é o ingresso para uma outra vida, onde todas as ações estão contadas e gravadas as menores expressões dos nossos pensamentos. (*Emm.*)

•

Transferir-se alguém da esfera carnal para a erraticidade não significa ausentar-se da iniciativa ou da responsabilidade, nem vaguear em turbilhão aéreo, sem diretivas essenciais. (Pref. *O. V. E.*)

•

A morte não extingue a colaboração amiga, o amparo mútuo, a intercessão confortadora, o serviço evolutivo. As dimensões vibratórias do universo são infinitas, como infinitos são os mundos que povoam a Imensidade. (Pref. *O. V. E.*)

•

Se procuras contato com o plano espiritual, recorda que a morte do corpo não nos santifica. (*Rot.*)

•

A morte a ninguém propiciará passaporte gratuito para a ventura celeste. Nunca promoverá compulsoriamente homens a anjos. Cada criatura transporá essa aduana da eternidade com a exclusiva bagagem do que houver semeado, e aprenderá que a ordem e a hierarquia, a paz do trabalho edificante, são características imutáveis da Lei, em toda a parte. (Pref. *N. M. M.*)

•

Espiritualmente falando, apenas conhecemos um gênero temível de morte — a da consciência denegrida no mal, torturada de remorso ou paralítica nos despenhadeiros que marginam a estrada da insensatez e do crime. (*P. N.*)

•

Encontramos a morte tão somente nos caminhos do mal, onde as sombras impedem a visão gloriosa da vida. (*P. N.*)

•

Bem-aventurado o homem que segue vida afora em Espírito! Para ele, a morte aflitiva não é mais que alvorada de novo dia, sublime transformação e alegre despertar! (*P. N.*)

•

Os que vivem com mais dedicação às coisas do Espírito, esses encontram maiores elementos de paz e felicidade no futuro; para eles, que sofreram mais, em razão do seu afastamento da vida mundana, a morte é um remanso de tranquilidade e de esperança. Encontrarão a paz ambicionada nos seus dias de lágrimas torturantes. (*Emm.*)

•

Terás muitos negócios próximos ou remotos, mas não poderás subtrair-lhes o caráter de lição, porque a morte te descerrará realidades com as quais nem sonhas de leve... (*V. L.*)

•

Para os que permanecem na carne, a morte significa o fim do corpo denso; para os que vivem na esfera espiritual, representa o reinício da experiência. (*V. L.*)

•

O reino da vida, além da morte, não é domicílio do milagre.

Passa o corpo, em trânsito para natureza inferior que lhe atrai os componentes, entretanto, a alma continua na posição evolutiva em que se encontra. (*Rot.*)

22
FILOSOFIA DA VIDA

A vida não é isto que vemos na banalidade de todos os dias terrestres; é antes afirmação de imortalidade gloriosa com Jesus Cristo. (*P. E.*)

•

A vida é ciosa dos seus segredos e somente responde com segurança aos que lhe batem à porta com esforço incessante do trabalhador que deseja para si a coroa resplendente do apostolado no serviço. (*Rot.*)

•

A vida humana, apesar de transitória, é a chama que vos coloca em contato com o serviço de que necessitais para a ascensão justa. Nesse abençoado ensejo, é possível resgatar, corrigir, aprender, ganhar, conquistar, reunir, reconciliar e enriquecer-se no Senhor. (*P. N.*)

•

A vida de um homem é a sua própria confissão pública.
A conduta de cada crente é a sua verdadeira profissão de fé. (*V. L.*)

•

A vida do homem não consiste na abundância daquilo que possui, mas na abundância dos benefícios que esparge e semeia, atendendo aos desígnios do supremo Senhor. (*V. L.*)

•

Saibamos viver, como devemos saber andar: com a firmeza dos fortes, com a Fé sempre candente e viva dos bons seguidores do Mestre Nazareno. (*R.* — 5/1949)

•

A hora moderna, saturada de doutrinação verbalista, através da hipertrofia da inteligência, exige entendimento e ação, ensino e prática, teoria e exemplo, palavras e obras, conclusões e fatos, ideal e realização. (*R.* — 5/1953)

•

A vida moderna, com suas realidades brilhantes, vai ensinando às comunidades religiosas do Cristianismo que pregar é revelar a grandeza dos princípios de Jesus nas próprias ações diárias. (*V. L.*)

•

A existência terrestre é um aprendizado em que nos consumimos devagarinho, de modo a atingir a plenitude do Mestre. (*Ren.*)

•

A vida, em suas causalidades profundas, escapa aos vossos escalpelos e apenas o embriologista observa, no silêncio da penumbra, infinitésima fração do fenômeno assimilatório das criações orgânicas. (*Emm.*)

•

A vida é sempre um milagroso tecido da divina Sabedoria. Às vezes, a aflição é véspera da felicidade, tanto quanto o prazer, frequentemente, é produção de angústia... (*Av. C.*)

23
FILÓSOFOS E CONSIDERAÇÕES FILOSÓFICAS

Os filósofos do mundo sempre pontificaram de cátedras confortáveis, mas nunca desceram ao plano da ação pessoal, ao lado dos mais infortunados da sorte. (*P. E.*)

•

Nem todos podem enxergar a vida por nossos olhos ou aceitar o mapa da jornada terrestre, através da cartilha dos nossos pontos de vista. (*R.* — 1/1953)

•

Não há moços nem velhos e sim almas jovens no raciocínio ou profundamente enriquecidas no campo das experiências humanas. (*50 A. D.*)

•

Conforto espiritual não é como o pão do mundo, que passa, mecanicamente, de mão em mão, para saciar a fome do corpo, mas, sim, como o Sol, que é o mesmo para todos, penetrando, porém, somente nos lugares onde não se haja feito um reduto fechado para as sombras. (*C. V. V.*)

•

Que será da escola quando o aluno, guindado à condição de mestre, fugir do educandário, a pretexto de não suportar a insipiência e a rudeza dos novos aprendizes? E quem estará assim tão habilitado, perante o Infinito, ao ponto de menoscabar a oportunidade de prosseguir na aquisição da Sabedoria? (*Rot.*)

•

Quem se equilibra no conhecimento é o apoio daquele que oscila na ignorância. (*Rot.*)

•

O corpo humano é um conjunto de células aglutinadas ou de fluidos terrestres que se reúnem, sob as leis planetárias, oferecendo ao Espírito a santa oportunidade de aprender, valorizar, reformar e engrandecer a vida. (*P. N.*)

•

Que fazes de teus pés, de tuas mãos, de teus olhos, de teu cérebro? Sabes que esses poderes te foram confiados para honrar o Senhor iluminando a ti mesmo? Medita nestas interrogações e santifica teu corpo, nele encontrando o templo divino. (*P. N.*)

•

O berço de todo homem é o princípio de um labirinto de tentações e de dores, inerentes à própria vida na esfera terrestre, labirinto por ele mesmo traçado e que necessita palmilhar com intrepidez moral. (*Emm.*)

•

As inspirações e os desígnios do Mestre permanecem à volta de nossa alma, sugerindo modificações úteis, induzindo-nos à legítima compreensão da vida, iluminando-nos através da consciência superior, entretanto, está em nós abrir-lhes ou não a porta interna. (*V. L.*)

•

Os argumentos teológicos são respeitáveis; no entanto, não deveremos desprezar a simplicidade da lógica humana. (*C. V. V.*)

•

O intercâmbio com o invisível é um movimento sagrado, em função restauradora do Cristianismo puro; que ninguém, todavia, se descuide das necessidades próprias, no lugar que ocupa pela vontade do Senhor. (Pref. *N. L.*)

•

A ponte quebradiça não suporta a passagem das máquinas de grande porte.

A mediunidade, como recurso de influenciar para o bem, não se manifesta sem instrumento próprio. (*Rot.*)

•

Respirarás na zona superior ou inferior, torturada ou tranquila, em que colocas a própria mente. (*P. N.*)

•

Não existem milagres de construção repentina no plano do Espírito, como é impossível improvisar, de momento para outro, qualquer edificação de valor na zona da matéria. (*V. L.*)

•

A grande tarefa do mundo espiritual, em seu mecanismo de relações com os homens encarnados, não é a de trazer conhecimentos sensacionais e extemporâneos, mas a de ensinar os homens a ler os sinais divinos que a vida terrestre contém em si mesma, iluminando-lhes a marcha para a espiritualidade superior. (*C. V. V.*)

•

Todas as obras humanas constituem a resultante do pensamento das criaturas. O mal e o bem, o feio e o belo viveram, antes de tudo, na fonte mental que os produziu, nos movimentos incessantes da vida. (*P. N.*)

•

Em toda parte, a palavra é índice de nossa posição evolutiva. Indispensável aprimorá-la, iluminá-la e enobrecê-la. (*V. L.*)

•

O homem ganhará impulso santificante, compreendendo que só possui verdadeiramente aquilo que se encontra dentro dele, no conteúdo espiritual de sua vida. Tudo o que se relaciona com o exterior — como sejam: — criaturas, paisagens e bens transitórios — pertence a Deus, que lhos concederá de acordo com os seus méritos. (*C. V. V.*)

•

O pecado é moléstia do Espírito. No excesso da alimentação, na falta de higiene, no desregramento dos sentidos, o corpo sofre desequilíbrios que podem ser fatais. O mesmo se dá com a alma, quando não sabemos nortear os desejos, santificar as aspirações, vigiar os pensamentos. Sempre acreditei que as enfermidades dessa natureza são as mais perigosas, porque exigem remédio de mais dolorosa aplicação. (*Ren.*)

•

O perispírito, formado por substâncias químicas que transcendem a série estequiogenética conhecida até agora pela Ciência terrena, é aparelhagem de matéria rarefeita, alterando-se, de acordo com o padrão vibratório do campo interno. (*Rot.*)

•

O perispírito, quanto à forma somática, obedece a leis de gravidade, no plano a que se afina.

Nossos impulsos, emoções, paixões e virtudes nele se expressam fielmente. Por isso mesmo, durante séculos e séculos nos demoraremos nas esferas da luta carnal ou nas regiões que lhes são fronteiriças, purificando a nossa indumentária e embelezando-a, a fim de preparar, segundo o ensinamento de Jesus, a nossa veste nupcial para o banquete do serviço divino. (*Rot.*)

•

As almas mudam a indumentária carnal, no curso incessante dos séculos; constroem o edifício milenário da evolução humana com as suas lágrimas e sofrimentos, e até nossos ouvidos chegam os ecos dolorosos de suas aflições. (*A. C. L.*)

•

Os grandes sentimentos nunca povoam a alma de uma só vez, em sua beleza integral. A criatura, envenenada no mal é qual recipiente de vinagre, que necessita ser esvaziado pouco a pouco. (*P. E.*)

•

O sentimento é o santuário da criatura. Sem luz aí dentro, é impossível refletir a paz luminosa que flui incessantemente de cima. (*V. L.*)

•

Em todos os serviços, o concurso da palavra é sagrado e indispensável, mas aprendiz algum deverá esquecer o sublime valor do silêncio, a seu tempo, na obra superior do aperfeiçoamento de si mesmo, a fim de que a ponderação se faça ouvida, dentro da própria alma, norteando-lhe os destinos. (*P. N.*)

•

Dentro do nosso conceito de relatividade, todo o fundamento da verdade na Terra está em Jesus Cristo. (*Con.*)

•

É o próprio Espírito que inventa o seu inferno ou cria as belezas do seu Céu. (*Con.*)

24
GRANDES VERDADES

Berço e túmulo são simples marcos de uma condição para outra. (*Rot.*)

•

Ninguém se engane, julgando mistificar a natureza. (*Rot.*)

•

A Psicologia e a Psiquiatria, entre os homens da atualidade, conhecem tanto do Espírito, quanto um botânico, restrito ao movimento em acanhado círculo de observação do solo, que tentasse julgar um continente vasto e inexplorado, por alguns talos de erva, crescidos ao alcance de suas mãos. (*Rot.*)

•

Todas as teorias evolucionistas no orbe terrestre caminham para a aproximação com as verdades do Espiritismo, no abraço final com a Verdade suprema. (*Con.*)

•

No dia em que a evolução dispensar o concurso religioso para a solução dos grandes problemas educativos da alma do homem, a humanidade inteira estará integrada na

Religião, que é a própria verdade, encontrando-se unida a Deus, pela Fé e pela Ciência então irmanadas. (*Emm.*)

•

Quando a câmara permanece sombria, somos nós que desatamos o ferrolho à janela para que o Sol nos visite. (*F. V.*)

•

Ninguém acredite que o mundo se redima sem almas redimidas. (*F. V.*)

•

A apreciação unilateral é sempre ruinosa. (*F. V.*)

25
ILUMINAÇÃO

O que crê, apenas admite; mas o que se ilumina vibra e sente. (*Con.*)

•

A palavra do guia é agradável e amiga, mas o trabalho de iluminação pertence a cada um. (*Con.*)

•

Toda reforma terá de nascer no interior. Da iluminação do coração vem a verdadeira cristianização do lar, e do aperfeiçoamento das coletividades surgirá o novo e glorioso dia da humanidade. (*Emm.*)

•

A maioria dos católicos romanos pretende a isenção das dificuldades com as cerimônias exteriores; muitos protestantes acreditam na plena identificação com o céu tão só pela enunciação de alguns hinos; enquanto enorme percentagem de espíritas se crê na intimidade de supremas revelações apenas pelo fato de haver frequentado algumas sessões.

Tudo isto constitui preparação valiosa, mas não é tudo.

Há um esforço iluminativo para o interior, sem o qual homem algum penetrará o santuário da Verdade divina. (*P. N.*)

26
INCOMPREENSÃO HUMANA

O homem não sabe dar sem receber, não consegue ajudar sem reclamar e, criando o choque da exigência para os outros, recolhe dos outros os choques sempre renovados da incompreensão e da discórdia, com raras possibilidades de auxiliar e auxiliar-se. (*Rot.*)

•

Se Jesus foi chamado feiticeiro, crucificado como malfeitor e arrebatado de sua amorosa missão para o madeiro afrontoso, que não devem esperar seus aprendizes sinceros, quando verdadeiramente devotados à sua causa? (*C. V. V.*)

•

Os templos terrestres, por ausência de compreensão da verdade, permanecem repletos de almas paralíticas, que desertaram do serviço por anseio de bem-aventurança. (*P. N.*)

•

Em todas as épocas, os homens perpetraram erros graves, tentando reprimir a maldade, filha da ignorância, com a maldade, filha do cálculo. E as medidas infelizes, grande número de vezes, foram concretizadas em nome do próprio Cristo. (*V. L.*)

•

O delinquente comum, algemado ao cárcere, inspira piedade e sofrimento. O paladino de uma causa nobre, injustamente recluso no mesmo sítio, provoca respeito e imitação. (*P. V.*)

27
INSTITUTO DA FAMÍLIA

Os estabelecimentos de ensino, propriamente do mundo, podem instruir, mas só o instituto da família pode educar. É por essa razão que a universidade poderá fazer o cidadão, mas somente o lar pode edificar o homem. (*Con.*)

•

As escolas instrutivas do planeta poderão renovar sempre os seus métodos pedagógicos, com esses ou aqueles processos novos, de conformidade com a Psicologia infantil, mas a escola educativa do lar só possui uma fonte de renovação que é o Evangelho, e um só modelo de mestre, que é a personalidade excelsa do Cristo. (*Con.*)

•

O homem e a mulher, no instituto conjugal, são como o cérebro e o coração do organismo doméstico. (*Con.*)

•

A tarefa doméstica nunca será uma válvula para gozos improdutivos, porque constitui trabalho e cooperação com Deus. O homem ou a mulher que desejam ao mesmo tempo ser pais e gozadores da vida terrestre, estão cegos e terminarão seus loucos esforços, espiritualmente falando, na vala comum da inutilidade. (*C. V. V.*)

•

O homem e a mulher surgem no mundo com tarefas específicas que se integram, contudo, num trabalho essencialmente uno, dentro do plano da evolução universal. No capítulo das experiências inferiores, um não cai sem o outro, porque a ambos foi concedido igual ensejo de santificar. (*P. N.*)

•

A família consanguínea, entre os homens, pode ser apreciada como o centro essencial de nossos reflexos. Reflexos agradáveis ou desagradáveis que o pretérito nos devolve. (*P. V.*)

28
LIBERDADES

Somente o dever bem cumprido nos confere acesso à legítima liberdade. (*P. N.*)

•

Preconiza-se na atualidade do mundo uma educação pela liberdade plena dos instintos do homem, olvidando-se, pouco a pouco, os antigos ensinamentos quanto à formação do caráter no lar; a coletividade, porém, cedo ou tarde, será compelida a reajustar seus propósitos. (*C. V. V.*)

•

Somente o bem pode conferir o galardão da liberdade suprema, representando a chave única suscetível de abrir as portas sagradas do Infinito à alma ansiosa. (*C. V. V.*)

•

Nenhum culto, que se prenda a Deus pela devoção e por determinados deveres religiosos, tem o direito de interferir nos movimentos transitórios do Estado, como este último não tem o direito de intervir na vida privada da personalidade, em matéria de gosto, de sentimento e de consciência, segundo as velhas fórmulas do liberalismo. (*Emm.*)

29
MEDICINA DO FUTURO

Justifica-se o esforço dos experimentadores da Medicina tentando descobrir um caminho novo para atenuar a miséria humana; todavia, sem abstrairmos das diretrizes espirituais, que orientam os fenômenos patogênicos nas questões das provas individuais, temos necessidade de reconhecer a imprescindibilidade da saúde moral, antes de atacarmos o enigma doloroso e transcendente das enfermidades físicas do homem. (*Emm.*)

•

Analisando-se todos os descobrimentos notáveis dos sistemas terapêuticos dos vossos dias, orientados pelas doutrinas mais avançadas, em virtude dos novos conhecimentos humanos com respeito à Bacteriologia, à Biologia, à Química, etc., reconhecemos que, com exceção da cirurgia, que teve com Ambrósio Paré, e outros inteligentes cirurgiões de guerra, o mais amplo dos desenvolvimentos, pouco têm adiantado os homens na solução dos problemas da cura, dentro dos dispositivos da Medicina artificial por eles inventada. Apesar do concurso precioso do microscópio, existem hoje questões clínicas tão inquietantes, como há duzentos anos. Os progressos regulares que se verificam na questão angustiosíssima do câncer e da lepra, da tuberculose e de outras enfermidades contagiosas, não foram além das medidas preconizadas pela Medicina natural, baseadas na profilaxia e na higiene. Os investigadores puderam vislumbrar o mundo microbiano sem saber eliminá-lo. Se foi possível devassar o mistério da natureza, a mentalidade humana ainda não conseguiu apreender o mecanismo das suas leis. É que os estudiosos, com poucas exceções, se satisfazem com o mundo aparente das formas, demorando-se nas expressões exteriores, incapazes de uma excursão espiritual no domínio das origens profundas. Sondam os fenômenos sem lhes auscultarem as causas divinas. (*Emm.*)

•

A Medicina do futuro terá de ser eminentemente espiritual, posição difícil de ser atualmente alcançada, em razão da febre maldita do ouro; mas os apóstolos dessas realidades grandiosas não tardarão a surgir nos horizontes acadêmicos do mundo, testemunhando o novo ciclo evolutivo da humanidade. (*Emm.*)

•

Quando o homem espiritual dominar o homem físico, os elementos medicamentosos da Terra estarão transformados na excelência dos recursos psíquicos e essa grande oficina achar-se-á elevada a santuário de forças e possibilidades espirituais junto das almas. (*Con.*)

30
MÉDIUNS – MEDIUNISMO – FENÔMENOS ESPÍRITAS

O Deuteronômio proibira terminantemente o intercâmbio com os que houvessem partido pelas portas da sepultura, em vista da necessidade de afastar a mente humana de cogitações prematuras. Entretanto, Jesus, assim como suavizara a antiga lei da justiça inflexível com o perdão de um amor sem limites, aliviou as determinações de Moisés, vindo ao encontro dos discípulos saudosos. (*C. V. V.*)

•

As portas do tesouro psíquico estão vigiadas com segurança.

A direção de uma central elétrica não pode ser confiada às frágeis mãos de um menino.

Como conferir, de improviso, ao primeiro candidato à prosperidade mediúnica a chave dos interesses fundamentais e particulares de milhões de almas, colocadas nos mais variados planos da escada evolutiva? (*Rot.*)

•

Médiuns! A vossa tarefa deve ser encarada como um santo sacerdócio; a vossa responsabilidade é grande, pela fração de certeza que vos foi outorgada, e muito se pedirá aos que muito receberam. Faz-se, portanto, necessário que busqueis cumprir, com severidade e nobreza, as vossas obrigações, mantendo a vossa consciência serena, se não quiserdes tombar na luta, o que seria crestar com as vossas próprias mãos as flores da esperança numa felicidade superior, que ainda não conseguimos alcançar. (*Emm.*)

•

Os médiuns, em sua generalidade, não são missionários na acepção comum do termo; são almas que fracassaram desastradamente, que contrariaram, sobremaneira, o curso das Leis divinas, e que resgatam, sob o peso de severos compromissos e ilimitadas responsabilidades, o passado obscuro e delituoso. (*Emm.*)

•

Médiuns, ponderai as vossas obrigações sagradas! preferi viver na maior das provações a cairdes na estrada larga das tentações que vos atacam, insistentemente, em vossos pontos vulneráveis. (*Emm.*)

•

Sendo o teledinamismo a ação de forças que atuam, a distância, cumpre-nos esclarecer que, no fenômeno das comunicações, muitas vezes entram em jogo as ações teledinâmicas, imprescindíveis a certas expressões do mediunismo. (*Con.*)

•

Palavras de Emmanuel

A fenomenologia, nos domínios do psiquismo, em vosso século, visa ao ensinamento, à formação da profunda consciência espiritual da humanidade, constituindo, desse modo, um curso propedêutico para as grandes lições do porvir. É por essa razão que necessitamos operar ativamente para que a Ciência descubra, nos próprios planos físicos, as afirmações de espiritualidade. (*Emm.*)

31
NO CAMPO DAS IDEIAS

A energia mental é o fermento vivo que improvisa, altera, constringe, alarga, assimila, desassimila, integra, pulveriza ou recompõe a matéria em todas as dimensões. (*Rot.*)

•

O homem simplesmente terrestre mantém-se na expectativa da morte orgânica; o homem espiritual espera o Mestre divino, para consolidar a redenção própria. (*P. N.*)

•

A Humanidade, sintetizando o fruto das civilizações, é construção religiosa. (*Rot.*)

•

No campo das ideias, os elos do sangue nem sempre significam harmonia de opinião entre aqueles que o Céu uniu no instituto familiar. (*50 A. D.*)

•

A existência humana é bem uma ascensão das trevas para a luz. A juventude, a presunção de autoridade, a centralização de nossa esfera pessoal, acarretam muitas ilusões, laivando de sombras as coisas mais santas. (*P. E.*)

•

Pensar é criar. A realidade dessa criação pode não exteriorizar-se, de súbito, no campo dos efeitos transitórios, mas o objeto formado pelo poder mental vive no mundo íntimo, exigindo cuidados especiais para o esforço de continuidade ou extinção. (*P. N.*)

•

Nosso Espírito residirá onde projetarmos nossos pensamentos, alicerces vivos do bem e do mal. Por isto mesmo, dizia Paulo, sabiamente: "Pensai nas coisas que são de cima." (*P. N.*)

32
NO CAMPO DOS SENTIMENTOS

O artista verdadeiro é sempre o *médium* das belezas eternas e o seu trabalho, em todos os tempos, foi tanger as cordas mais vibráteis do sentimento humano, alçando-o da Terra para o Infinito e abrindo, em todos os caminhos, a ânsia dos corações para Deus, nas suas manifestações supremas de beleza, de sabedoria, de paz e de amor. (*Con.*)

•

O artista, de um modo geral, vive quase sempre mais na esfera espiritual que propriamente no plano terrestre.

Seu psiquismo é sempre a resultante do seu modo íntimo, cheio de recordações infinitas das existências passadas, ou das visões sublimes que conseguiu apreender nos círculos de vida espiritual, antes da sua reencarnação no mundo. (*Con.*)

•

Toda página escrita tem alma e o crente necessita auscultar-lhe a natureza. O exame sincero esclarecerá imediatamente a que esfera pertence, no círculo de atividade destruidora no mundo ou no centro dos esforços de edificação para a vida espiritual. (*P. N.*)

•

A música na Terra é, por excelência, a arte divina. (*Con.*)

•

Certo, ninguém precisará viver exclusivamente de mãos postas ou de olhar fixo no firmamento; todavia, não nos esqueçamos de que a gentileza, a boa vontade, a cooperação e a polidez são aspectos divinos da oração viva no apostolado do Cristo. (*P. N.*)

•

Em qualquer posição de desequilíbrio, lembra-te de que a prece pode trazer-te sugestões divinas, ampliar-te a visão espiritual e proporcionar-te consolações abundantes; todavia, para o Senhor não bastam as posições convencionais ou verbalistas.

O Mestre confere-nos a dádiva e pede-nos a iniciativa. (*V. L.*)

•

A prece tecida de inquietação e angústia não pode distanciar-se dos gritos desordenados de quem prefere a aflição e se entrega à imprudência, mas a oração tecida de harmonia e confiança é força imprimindo direção à bússola da fé viva, recompondo a paisagem em que vivemos e traçando rumos novos para a vida superior. (*V. L.*)

•

Ninguém pode imaginar, enquanto na Terra, o valor, a extensão e a eficácia de uma prece nascida na fonte viva do sentimento. (*R. — 6/1953*)

•

A pregação do Cristo, nos lábios de um doente desamparado, tem um cunho de beleza misteriosa singular. (*P. E.*)

•

Religião, para todos os homens, deveria compreender-se como sentimento divino que clarifica o caminho das almas e que cada Espírito aprenderá na pauta do seu nível evolutivo.

Neste sentido, a Religião é sempre a face augusta e soberana da verdade; porém, na inquietação que lhes caracteriza a existência na Terra, os homens se dividiram em numerosas religiões, como se a fé também pudesse ter fronteiras à semelhança das pátrias materiais, tantas vezes mergulhadas no egoísmo e na ambição de seus filhos. (*Con.*)

•

A Religião é a força que está edificando a humanidade. É a fábrica invisível do caráter e do sentimento. (*Rot.*)

•

A razão sem o sentimento é fria e implacável como os números, e os números podem ser fatores de observação e catalogação da atividade, mas nunca criaram a vida. A razão é uma base indispensável, mas só o sentimento cria e edifica. É por esse motivo que as conquistas do Humanismo jamais poderão desaparecer nos processos evolutivos da humanidade. (*Con.*)

•

Na gradação dos sentimentos humanos, a amizade sincera é bem o oásis de repouso para o caminheiro da vida, na sua jornada de aperfeiçoamento. (*Con.*)

33
O VERBO HUMANO E A PALAVRA ESCRITA

O verbo humano pode falhar, mas a palavra do Senhor é imperecível. Aceita-a e cumpre-a, porque, se te furtas ao imperativo da vida eterna, cedo ou tarde o anjo da angústia te visitará o Espírito, indicando-te novos rumos. (*P. N.*)

•

O livro é igualmente como a semeadura. O escritor correto, sincero e bem-intencionado é o lavrador previdente que alcançará a colheita abundante e a elevada retribuição das Leis divinas à sua atividade. O literato fútil, amigo da insignificância e da vaidade, é bem aquele trabalhador preguiçoso e nulo que "semeia ventos para colher tempestades". E o homem de inteligência que vende a sua pena, a sua opinião e o seu pensamento, no mercado da calúnia, do interesse, da ambição e da maldade, é o agricultor criminoso que humilha as possibilidades generosas da Terra, que rouba os vizinhos, que não planta e não permite o desenvolvimento da semeadura alheia, cultivando espinhos e agravando responsabilidades pelas quais responderá um dia, quando houver despido a indumentária do mundo, para comparecer ante as verdades do Infinito. (*Con.*)

•

Os livros ensinam, mas só o esforço próprio aperfeiçoa a alma para a grande e abençoada compreensão. (*Con.*)

•

A palavra é um dom divino, quando acompanhada dos atos que a testemunhem; e é através de seus caracteres falados ou escritos que o homem recebe o patrimônio de experiências sagradas de quantos o antecederam no mecanismo evolutivo das civilizações. É por intermédio de seus poderes que se transmite, de gerações a gerações, o fogo divino do progresso na escola abençoada da Terra. (*Con.*)

•

O livro representa vigoroso ímã de força atrativa, plasmando as emoções e concepções de que nascem os grandes movimentos da humanidade. (*P. V.*)

34
PAZ

Conservar a paz, em Cristo, não é deter a paz do mundo. É encontrar o tesouro eterno de bênçãos nas obrigações de cada dia. Não é fugir ao serviço; é aceitá-lo onde, como e quando determine a vontade daquele que prossegue em ação redentora, junto de nós, em toda a Terra. (*V. L.*)

•

Não acreditemos em paz ambiencial sem paz dentro de nós mesmos. (*R.* — 12/1948)

•

A fortuna suprema do homem é a paz da consciência pelo dever cumprido. (*P. E.*)

•

Poderá alguém insistir na obtenção da verdadeira paz, quando ainda disputa a ferro e fogo a posse de bens perecíveis? (*Ren.*)

•

O que verificamos é que, sem a prática da fraternidade verdadeira, todos esses movimentos pró-paz são encenações diplomáticas sem fundo prático, não obstante intenções respeitáveis. (*Emm.*)

•

Não atingiremos a paz sem desculpar os erros alheios que, em outras circunstâncias, poderiam ser nossos... (*Av. C.*)

35
RECOMENDAÇÕES ÚTEIS

A água pode ser fluidificada, de modo geral, em benefício de todos; todavia, pode sê-lo em caráter particular para determinado enfermo, e, neste caso, é conveniente que o uso seja pessoal e exclusivo. (*Con.*)

•

Se não estás cego para as leis da vida, se já despertaste para o entendimento superior, examina, a tempo, onde te deixará, provisoriamente, o comboio da experiência humana, nas súbitas paradas da morte. (*V. L.*)

•

Sagacidade não chega a ser elevação, e o poder expressivo apenas é respeitável e sagrado quando se torna ação construtiva com a luz divina.

Vê, com clareza, se a pretensa claridade que há em ti não é sombra de cegueira espiritual. (*V. L.*)

•

Quantos lares seriam felizes, quantas instituições se converteriam em mananciais permanentes de luz, se os crentes do Evangelho aprendessem a calar para falar, a seu tempo, com proveito?

Não nos referimos aqui aos homens vulgares e, sim, aos discípulos de Jesus. (*P. N.*)

•

Quando te sentires cansado, lembra-te de que Jesus está trabalhando. Começamos ontem nosso humilde labor e o Mestre se esforça por nós, desde quando? (*C. V. V.*)

•

Educar a visão, a audição, o gosto e os ímpetos representa base primordial do pacifismo edificante. (*P. N.*)

•

A melhor posição da vida é a do equilíbrio. Não é justo desejar fazer nem menos, nem mais do que nos compete, mesmo porque o Mestre sentenciou que a cada dia bastam os seus trabalhos. (*P. E.*)

•

Esclarecer é também amar. (*Con.*)

•

Não basta fazer do Cristo Jesus o benfeitor que cura e protege. É indispensável transformá-lo em padrão permanente da vida, por exemplo e modelo de cada dia. (*V. L.*)

•

Não basta à criatura apegar-se à existência humana, mas precisa saber aproveitá-la dignamente. (Pref. *N. L.*)

•

Em qualquer idade, podemos e devemos operar a iluminação ou o aprimoramento de nós mesmos. (*P. E.*)

•

Vale mais permanecer em dia com a luta que guardar-se alguém no descanso provisório e encontrá-la, amanhã, com a dolorosa surpresa de quem vive defrontado por fantasmas. (*V. L.*)

•

As lutas pessoais estiolam as melhores esperanças. Criar separações e proclamar seus prejuízos, dentro da igreja do Cristo, não seria exterminarmos a planta sagrada do Evangelho por nossas próprias mãos? (*P. E.*)

•

Sem que teu pensamento se purifique e sem que a tua vontade comande o barco do organismo para o bem, a intervenção dos remédios humanos não passará de medida em trânsito para a inutilidade. (*P. N.*)

•

Cura a catarata e a conjuntivite, mas corrige a visão espiritual de teus olhos. (*P. N.*)

•

O capital mais precioso da vida é o da boa vontade. Ponhamo-lo em movimento e a nossa existência estará enriquecida de bênçãos e alegrias, hoje e sempre, onde estivermos. (*R.* — 12/1952)

36
RELIGIÕES

Os cultos religiosos, em sua feição dogmática, são igualmente transitórios como todas as fórmulas do convencionalismo humano. (*Con.*)

•

Diz-se que o pensamento religioso é uma ilusão. Tal afirmativa carece de fundamento. Nenhuma teoria científica, nenhum sistema político, nenhum programa de reeducação pode roubar do mundo a ideia de Deus e da imortalidade do ser, inatas no coração dos homens. As ideologias novas também não conseguirão eliminá-la.

A Religião viverá entre as criaturas, instruindo e consolando, como um sublime legado. (*Emm.*)

•

O que se faz preciso, em vossa época, é estabelecer a diferença entre religião e religiões.

A Religião é o sentimento divino que prende o homem ao Criador. As religiões são organizações dos homens, falíveis e imperfeitas como eles próprios; dignas de todo o acatamento pelo sopro de inspiração superior que as faz surgir, são como gotas de orvalho celeste, misturadas com os elementos da terra em que caíram. Muitas delas, porém, estão desviadas do bom caminho pelo interesse criminoso e pela ambição lamentável dos seus expositores; mas, a verdade um dia brilhará para todos, sem necessitar da cooperação de nenhum homem. (*Emm.*)

37
SEPULTURA E DESENCARNADOS

Quem passa pela sepultura prossegue trabalhando e, aqui, quanto aí, só existe desordem para o desordeiro. Na crosta da Terra ou além de seus círculos, permanecemos vivos invariavelmente. (*P. N.*)

•

A sepultura não é milagroso acesso às zonas da luz integral ou da sombra completa. Somos defrontados por novas modalidades da Divina Sabedoria a se traduzirem por mistérios mais altos. (*R.* — 9/1948)

•

Não te esqueças de que os desencarnados não são magos, nem adivinhos. São irmãos que continuam na luta de aprimoramento. (*P. N.*)

•

Nós, os desencarnados, somos também criaturas humanas em diferentes círculos vibratórios, tão necessitados de aplicação do Evangelho Redentor, quanto os companheiros que marcham pelo roteiro carnal. (*R.* — 9/1948)

•

A maioria dos desencarnados, nos seus primeiros dias da vida do Além-túmulo, não encontram senão os reflexos dos seus péssimos hábitos e das suas paixões, que, nos ambientes diversos de outra vida, os aborrecem e deprimem. O corpo das suas impressões físicas prossegue perfeito, fazendo-lhes experimentar acerbas torturas e inenarráveis sofrimentos. (*Emm.*)

38
SERVIR

É muito fácil servir à vista. Todos querem fazê-lo, procurando o apreço dos homens.
Difícil, porém, é servir às ocultas, sem o ilusório manto da vaidade. (*V. L.*)

•

O servidor sincero do Cristo fala pouco e constrói, cada vez mais, com o Senhor, no divino silêncio do Espírito...
Vai e serve. (*V. L.*)

•

De modo geral, quase todos os crentes se dispõem ao ensino e ao conselho, prontos ao combate espetaculoso e à advertência humilhante ou vaidosa, poucos surgindo com o desejo de servir, em silêncio, convencidos de que toda a glória pertence a Deus. (*V. L.*)

•

Apresentam-se muitos operários ao Senhor do trabalho, diariamente, mas os verdadeiros servidores são raros.
A maioria dos tarefeiros que se candidatam à obra do Mestre não seguem além do cultivo de certas flores,

recuam à frente dos pântanos desprezados, temem os sítios desertos ou se espantam diante da magnitude do serviço, recolhendo-se a longas e ruinosas vacilações ou fugindo das regiões infecciosas. (*V. L.*)

•

Servir é criar simpatia, fraternidade e luz. (*R.* — 5/1950)

•

Todos os homens menos rudes têm a sua convocação pessoal ao serviço do Cristo. As formas podem variar, mas a essência ao apelo é sempre a mesma. O convite ao ministério chega, às vezes, de maneira sutil, inesperadamente; a maioria, porém, resiste ao chamado generoso do Senhor. (*P. E.*)

•

A abnegação, que é sacrifício pela felicidade alheia, sublima o Espírito. (*P. V.*)

39
TEMAS VARIADOS

Há grande diversidade entre doutrinar e evangelizar. Para doutrinar, basta o conhecimento intelectual dos postulados do Espiritismo; para evangelizar é necessário a luz do amor no íntimo. Na primeira, bastarão a leitura e o conhecimento; na segunda, é preciso vibrar e sentir com o Cristo. (*Con.*)

•

Se os encarnados sentem a existência de fluidos imponderáveis que ainda não podem compreender, os desencarnados estão marchando igualmente para a descoberta de outros segredos divinos que lhes preocupam a mente. (*Emm.*)

•

Razão sem luz pode transformar-se em simples cálculo.
Instrução e ciência são portas de acesso à educação e à sabedoria.
Quem apenas conhece nem sempre sabe. (Pref. *Av. C.*)

•

No crepúsculo da civilização em que rumamos para a alvorada de novos milênios, o homem que amadureceu o raciocínio supera as fronteiras da inteligência comum e acorda, dentro de si mesmo, com interrogativas que lhe incendeiam o coração.

Quem somos?

Donde viemos?

Onde a estação de nossos destinos?

À margem da senda em que jornadeia, surgem os escuros estilhaços dos ídolos mentirosos que adorou e, enquanto sensações de cansaço lhe assomam à alma enfermiça, o anseio da vida superior lhe agita os recessos do ser, qual braseiro vivo do ideal, sob a espessa camada de cinzas do desencanto. (*Rot.*)

•

Que os trabalhadores da direção saibam amar, e que os da realização nunca odeiem. Essa é a verdade pela qual compreendemos que todos os problemas do trabalho, na Terra, representam uma equação de Evangelho. (*Con.*)

•

A mente juvenil necessita aceitar a educação construtiva que lhe é oferecida, revestindo-se de poderes benéficos, na ação incessante do bem, a fim de que os progenitores se sintam correspondidos na sua heroica dedicação. (*V. L.*)

•

Na qualidade de político ou de varredor, num palácio ou numa choupana, o homem da Terra pode fazer o que lhe ensinou Jesus. (*C. V. V.*)

•

Os espíritas sinceros, na sagrada missão de paternidade, devem compreender que o batismo, aludido no

Evangelho, é o da invocação das bênçãos divinas para quantos a eles se reúnem no instituto santificado da família. (*Con.*)

•

Personalidade sem luta, na crosta planetária, é alma estreita. Somente o trabalho e o sacrifício, a dificuldade e o obstáculo, como elementos de progresso e autossuperação, podem dar ao homem a verdadeira notícia de sua grandeza. (*P. N.*)

•

A vida no Além é também atividade, trabalho, luta, movimento. Se as almas estão menos submetidas ao cansaço, não combatem menos pelo seu aperfeiçoamento. (*Emm.*)

•

A leviandade, a ignorância, a perturbação, a desordem, a incompreensão e a ingratidão constituem paisagens de trabalho espiritual, reclamando-nos a atuação regeneradora. (*R.* — 10/1953)

•

O conceito de mediocridade modifica-se no plano de nossas conquistas universalistas, depois das transições da morte.

Aí no mundo, costumais entronizar o escritor que enganou o público, o político que ultrajou o direito, o capitalista que se enriqueceu sem escrúpulos de consciência, colocados na galeria dos homens superiores. Exaltando-lhes os méritos individuais com extravagâncias louvaminheiras, muito falais em *mediocridade*, em *rebanho*, em *rotina*, em *personalidade superior*. (*Con.*)

•

Não basta investigar fenômenos, aderir verbalmente, melhorar a estatística, doutrinar consciências alheias, fazer proselitismo e conquistar favores da opinião, por mais respeitável que seja, no plano físico. É indispensável cogitar do conhecimento de nossos infinitos potenciais, aplicando-os, por nossa vez, nos serviços do bem. (Pref. *N. L.*)

•

O *mas* é a conjunção que, nos processos verbalistas, habitualmente nos define a posição íntima perante o Evangelho. Colocada à frente do Santo Nome, exprime-nos a firmeza e a confiança, a fé e o valor; contudo, localizada depois dele, situa-nos a indecisão e a ociosidade, a impermeabilidade e a indiferença. (*P. N.*)

•

O médico honesto e sincero, amigo da verdade e dedicado ao bem, é um apóstolo da Providência divina, da qual recebe a precisa assistência e inspiração, sejam quais forem os princípios religiosos por ele esposados na vida. (*Con.*)

•

A Medicina humana, compreendida e aplicada dentro de suas finalidades superiores, constitui uma nobre missão espiritual. (*Con.*)

•

Toda mulher, e mormente todas as mães, precisam compreender o valor da renúncia, da caridade, do perdão. (*Ren.*)

•

A mulher, símbolo do santuário do lar e da família, na sua espiritualidade, pode, muitas vezes, numa simples reflexão, devassar mistérios insondáveis dos caracteres e das almas, na tela espessa e sombria das reencarnações sucessivas e dolorosas. (*Há 2.000 A.*)

•

O mundo é sempre um lago revolvido pelo vento das paixões e, no fundo das águas, há sempre vasa que sufoca as mais nobres aspirações do Espírito. (*50 A. D.*)

•

O mundo é um compêndio gigantesco, em que nos cabe descobrir os recursos de melhoria e elevação. (*R. — 1/1953*)

•

A súplica, no remorso, traz-nos a bênção das lágrimas consoladoras. A rogativa, na aflição, dá-nos a conhecer a deficiência própria, ajudando-nos a descobrir o valor da humanidade. A solicitação, na dor, revela-nos a fonte sagrada da inesgotável Misericórdia. (*V. L.*)

•

O problema não é o de nos informarmos se alguém está falando em nome do Senhor; antes de tudo, importa saber se o portador possui algo do Cristo para dar. (*V. L.*)

•

A preocupação de proselitismo é sempre perigosa para os que se seduzem com as belezas sonoras da palavra sem exemplos edificantes. (*C. V. V.*)

•

O remorso é a força que prepara o arrependimento, como este é a energia que precede o esforço regenerador. Choque espiritual nas suas características profundas, o remorso é o interstício para a luz, através do qual recebe o homem a cooperação indireta de seus amigos do Invisível, a fim de retificar seus desvios e renovar seus valores maiores, na jornada para Deus. (*Con.*)

•

Ontem, aprendíamos a Ciência no Egito, a espiritualidade na Índia, o comércio na Fenícia, a revelação em Jerusalém, o Direito em Roma e a Filosofia na Grécia. Hoje, adquirimos a educação na Inglaterra, a Arte na Itália, a paciência na China, a técnica industrial na Alemanha, o respeito à liberdade na Suíça e a renovação espiritual nas Américas. (*Rot.*)

•

Todos os corpos da Terra terão de morrer. Assim, por força das leis naturais inelutáveis, jamais teremos, neste mundo, absoluta saúde física. Nosso organismo sofre a ação de todos os processos ambientais. O calor incomoda, o frio nos faz tremer, a alimentação nos modifica, os atos da vida determinam a mudança dos hábitos. Mas o Salvador nos ensina a procurar uma saúde mais real e preciosa, que é a do Espírito. Possuindo-a, teremos transformado as causas de preocupação de nossa vida, e habilitamo-nos a gozar a relativa saúde física que o mundo pode oferecer nas suas expressões transitórias. (*P. E.*)

•

Caminhar do berço ao túmulo, sob as marteladas da tentação, é natural. Afrontar obstáculos, sofrer provações, tolerar antipatias gratuitas e varar tormentas de lágrimas são vicissitudes lógicas da experiência humana. (*R.* — 7/1953)

•

Não poderá haver acordo entre a virtude e o pecado. E como o pecado ainda domina o mundo, a tarefa apostólica em seus trâmites será sempre um doloroso espetáculo de sacrifício para as almas comuns. (*Ren.*)

•

Em todas as escolas religiosas, a Teologia, representando as diretrizes de patriarcas veneráveis da fé, procura controlar o campo emotivo dos crentes, acomodando os interesses imediatistas da alma encarnada. Para isso, criou regiões definidas, tentando padronizar as determinações de Deus pelos decretos dos reis medievais, lavrados à base de audaciosa ingenuidade. (Pref. *O. V. E.*)

•

A Terra, até agora, no que se refere às organizações religiosas, tem vivido repleta dos que confessam a existência de Deus, negando-o, porém, através das obras individuais. (*C. V. V.*)

•

A civilização sempre cuida saber excessivamente, mas, em tempo algum, soube como convém saber.

É por isso que, ainda agora, o avião bombardeia, o rádio transmite a mentira e a morte, e o combustível alimenta maquinaria de agressão.

Assim também, na esfera individual, o homem apenas cogita saber, esquecendo que é indispensável saber como convém. (*V. L.*)

•

O *sim* pode ser muito agradável em todas as situações, todavia, o *não*, em determinados setores da luta humana, é mais construtivo. (*P. N.*)

•

A sociedade humana pode ser comparada a imensa floresta de criações mentais, onde cada Espírito, em processo de evolução e acrisolamento, encontra os reflexos de si mesmo. (*P. V.*)

40
TRABALHO

O cientista, no conforto do laboratório, e o marinheiro rude, sob a tempestade, estão trabalhando para o Senhor; entretanto, para a felicidade de cada um, é importante saber como estão trabalhando. (*V. L.*)

•

Se, na ordem divina, cada árvore produz segundo a sua espécie, no trabalho cristão, cada discípulo contribuirá conforme sua posição evolutiva. (*C V. V.*)

•

O trabalho é um relógio contra as aflições que dominam a alma. (*R.* — 5/1950)

•

O trabalho é sempre o instrutor do aperfeiçoamento. (*R.* — 8/1950)

•

Todo minuto é uma época nova, é o despontar da aurora, concitando-nos a fadigas lucrativas. Para o campo em que nos empenhamos não há pôr do sol, mas sempre este se manifesta em toda a sua pujança de luz e de força, crestando a erva mirrada, fazendo, no entanto, germinar a semente válida. (*R.* — 12/1950)

•

O trabalho é a escada divina de acesso aos lauréis imarcescíveis do Espírito.

Ninguém precisa pedir transferência para Júpiter ou Saturno, a fim de colaborar na criação de novos céus. A Terra, nossa casa e nossa oficina, em plena paisagem cósmica, espera por nós, a fim de que a convertamos em glorioso paraíso. (*Rot.*)

•

Há companheiros que atingem o disparate de se proclamarem tão pecadores e tão maus que se sentem inabilitados a qualquer espécie de concurso sadio na obra cristã, como se os devedores e os ignorantes não necessitassem trabalhar na própria melhoria. (*V. L.*)

•

Se teu próximo não pode alçar-se ao plano espiritual em que te encontras, podes ir ao encontro dele, para o bom serviço da fraternidade e da iluminação, sem aparatos que lhe ofendam a inferioridade. (*C. V. V.*)

•

Todos podem transmitir recados espirituais, doutrinar irmãos e investigar a fenomenologia, mas para imanar corações em Jesus Cristo é indispensável sejamos fiéis servidores do bem, trazendo o cérebro repleto de inspiração superior e o coração inflamado na fé viva. (*V. L.*)

•

O trabalhador deve aproveitar a primavera da mocidade, o verão das forças físicas e o outono da reflexão, para a grande viagem do inferior para o superior; entretanto, a maioria aguarda o inverno da velhice ou do sofrimento irremediável na Terra, quando o ensejo de trabalho está findo. (*V. L.*)

•

O trabalhador que passa a vida inteira trabalhando ao Sol no amanho da Terra, fabricando o pão saboroso da vida, tem mais valor para Deus que os artistas de inteligência viciada, que outra coisa não fazem senão perturbar a marcha divina das suas leis. (*Con.*)

•

O que o homem não deve esquecer, em todos os sentidos e circunstâncias da vida, é a prece do trabalho e da dedicação, no santuário da existência de lutas purificadoras, porque Jesus abençoará as suas realizações de esforço sincero. (*Con.*)

•

Trabalhemos sempre com o pensamento voltado para Jesus, reconhecendo que a preguiça, a suscetibilidade e a impaciência nunca foram atributos das almas desassombradas e valorosas. (*Emm.*)

•

Não olvidemos que Jesus passou entre nós, trabalhando. Examinemos a natureza de sua cooperação sacrificial e aprendamos com o Mestre a felicidade de servir santamente.

Podes começar hoje mesmo.

Uma enxada ou uma caçarola constituem excelentes pontos de início. Se te encontras enfermo, de mãos inabilitadas para a colaboração direta, podes principiar mesmo assim, servindo na edificação moral de teus irmãos. (*P. N.*)

•

Trabalhe cada um com o material que lhe foi confiado, convicto de que o supremo Senhor não atende, no problema de manifestações espirituais, conforme o capricho humano, mas, sim, de acordo com a utilidade geral. (*P. N.*)

•

A lei do trabalho é roteiro da justa emancipação. (*P. V.*)

41
VERDADES DURAS

Cristo nunca endossou o dogmatismo e a intransigência por normas de ação. (*Rot.*)

•

A maioria não pretende ouvir o Senhor e, sim, falar ao Senhor, qual se Jesus desempenhasse simples função de pajem subordinado aos caprichos de cada um. (*V. L.*)

•

Muitos escutam a palavra do Cristo, entretanto, muito poucos são os que colocam a lição nos ouvidos.

Não se trata de registrar meros vocábulos e sim fixar apontamentos que devem palpitar no livro do coração. (*V. L.*)

•

Muitos devotos entendem encontrar na divina Providência uma força subornável, eivada de privilégios e preferências. Outros se socorrem do plano espiritual com o propósito de solucionar problemas mesquinhos.

Esquecem-se de que o Cristo ensinou e exemplificou. (*C. V. V.*)

•

Que seria da criança sem a experiência? Que será do Espírito sem a necessidade?

Aflições, dificuldades e lutas são forças que compelem à dilatação de poder, ao alargamento de caminho. (*V. L.*)

•

Quase sempre a mocidade sofre de estranhável esquecimento. Estima criar rumos caprichosos, desdenhando sagradas experiências de quem a precedeu, no desdobramento das realizações terrestres, para voltar, mais tarde, em desânimo, ao ponto de partida, quando o sofrimento ou a madureza dos anos lhe restauram a compreensão. (*V. L.*)

•

No serviço cristão, lembre-se cada aprendiz de que não foi chamado a repousar, mas à peleja árdua, em que a demonstração do esforço individual é imperativo divino. (*V. L.*)

•

Nunca houve no mundo tantos templos de pedra, como agora, para as manifestações de religiosidade, e jamais apareceu tamanho volume de desencanto nas almas. (*R.* — 2/1946)

•

Todas as seitas religiosas, de modo geral, somente ensinam o que constitui o bem. Todas possuem serventuários, crentes e propagandistas, mas os apóstolos de cada uma escasseiam cada vez mais. (*C. V. V.*)

•

A Ciência oficial dispõe de cátedras, a Política possui tribunas, a Religião fala de púlpitos; contudo, os que ensinam, com exceções louváveis, quase sempre se caracterizam por dois modos diferentes de agir. Exibem certas atitudes quando pregam, e adotam outras quando em atividade diária. Daí resulta a perturbação geral, porque os ouvintes se sentem à vontade para mudar a "roupa do caráter". (*C. V. V.*)

•

Há criaturas que se despojam de dinheiro em favor da beneficência, mas não cedem no terreno da opinião pessoal, no esforço sublime da renunciação. (*P. N.*)

•

Por muitos séculos perdurou o plano de óbolos em preciosidades e riquezas destinadas aos serviços do culto.

Com todas essas demonstrações, porém, o homem não procura senão aliciar a simpatia exclusiva de Deus, qual se o Pai estivesse inclinado aos particularismos terrestres. (*P. N.*)

•

O mal não é essencialmente do mundo, mas das criaturas que o habitam.

A Terra, em si, sempre foi boa. De sua lama brotam lírios de delicado aroma, sua natureza maternal é repositório de maravilhosos milagres que se repetem todos os dias. (*C. V. V.*)

•

Nas linhas do trabalho cristão, não é demais aguardar grandes lutas e grandes provas, considerando-se, porém, que as maiores angústias não procederão de círculos adversos, mas justamente da esfera mais íntima, quando a inquietação e a revolta, a leviandade e a imprevidência penetram o coração daqueles que mais amamos. (*V. L.*)

•

Entre a força de um preconceito e o atrevimento de um dogma, o Espírito se perturba, e, no círculo dessas vibrações antagônicas, acha-se sem bússola no mundo das coisas subjetivas, concentrando, naturalmente, na esfera das coisas físicas, todas as suas preocupações. (*Emm.*)

•

Muitos dizem *eu creio*, mas poucos podem declarar *estou transformado*. (*C. V. V.*)

•

O poder é uma fantasia na mão do homem, assim como a beleza é um engodo no coração da mulher. (*Av. C.*)

42
VERDADE REENCARNACIONISTA

Teria sido a alma criada no momento da concepção, na mulher, segundo as teorias antirreencarnacionistas? Como será a preexistência? O Espírito já é criado pela Potência suprema do universo, apto a ingressar nas fileiras humanas? E os pensadores se voltam para os vultos eminentes do passado. As autoridades católicas valem-se de Tomás de Aquino, que acreditava na criação da alma no período de tempo que precede o nascimento de um novo ser, esquecendo-se dos grandes padres da Antiguidade, como Orígenes, cuja obra é um atestado eterno em favor das verdades da preexistência. Outras doutrinas religiosas buscam a opinião falível da sua ortodoxia e dos seus teólogos, relutando em aceitar as realidades luminosas da reencarnação. Pascal, escrevendo na adolescência o seu tratado sobre os cones, e inúmeros Espíritos de escol laborando com a sua genialidade precoce nas grandes tarefas para as quais foram chamados à Terra, constituem uma prova eloquente, aos olhos dos menos perspicazes e dos estudiosos de mentalidades tardas no raciocínio, a prol da verdade reencarnacionista. (*Emm.*)

•

Cada encarnação é como se fora um atalho nas estradas da ascensão. Por esse motivo, o ser humano deve amar a sua existência de lutas e de amarguras temporárias, porquanto ela significa uma bênção divina. (*Emm.*)

•

Uma encarnação é como um dia de trabalho. E para que as experiências se façam acompanhar de resultados positivos e proveitosos na vida, faz-se indispensável que os dias de observação e de esforço se sucedam uns aos outros. (*Con.*)

•

Dentro da grade dos sentidos fisiológicos, o Espírito recebe gloriosas oportunidades de trabalho no labor de autossuperação. (*Rot.*)

•

Aprisionado o Espírito no castelo corpóreo, seus sentidos são exíguas frestas de luz, possibilitando-lhe observações convenientemente dosadas, a fim de que valorize, no máximo, os seus recursos no espaço e no tempo. (*Rot.*)

•

A vocação é o impulso natural oriundo da repetição de análogas experiências, através de muitas vidas. Suas características, nas disposições infantis, são o testemunho mais eloquente da verdade reencarnacionista. (*Con.*)

•

Palavras de Emmanuel

As óperas imortais não nasceram do lodo terrestre, mas da profunda harmonia do universo, cujos cânticos sublimes foram captados parcialmente pelos compositores do mundo, em momentos de santificada inspiração. (*Con.*)

43
VINDE A MIM AS CRIANCINHAS

Não olvides que a primeira escola da criança brilha no lar. Abre teu coração à influência do Cristo — o divino escultor de nossa felicidade —, a fim de que o menino encontre contigo os recursos básicos para o serviço que o espera na edificação do reino de Deus. (*R.* — 10/1953)

•

Na urna do coração infantil, reside a decifração dos inquietantes enigmas da felicidade sobre o mundo. (*R.* — 10/1953)

•

A recuperação da mente infantil para o equilíbrio da vida planetária é trabalho urgente e inadiável, que devemos executar, se nos propomos alcançar o porvir com a verdadeira regeneração. (*R.* — 10/1953)

•

Como esperar o aprimoramento da humanidade, sem a melhoria do homem, e como aguardar o homem renovado, sem o amparo à criança? (*R.* — 10/1953)

44
VIRTUDES

A verdadeira paciência é sempre uma exteriorização da alma que realizou muito amor em si mesma, para dá-lo a outrem, na exemplificação. (*Con.*)

•

A alma, em se voltando para Deus, não deve ter em mente senão a humildade sincera na aceitação de sua vontade superior. (*Emm.*)

•

A manjedoura assinalava o ponto inicial da lição salvadora do Cristo, como a dizer que a humildade representa a chave de todas as virtudes. (*A.C. L.*)

•

O Senhor não te identificará pelos tesouros que ajuntaste, pelas bênçãos que retiveste, pelos anos que viveste no corpo físico. Reconhecer-te-á pelo emprego dos teus dons, pelo valor de tuas realizações e pelas obras que deixaste, em torno dos próprios pés. (*C. V. V.*)

•

Não basta alcançar as qualidades da ovelha, quanto à mansidão e ternura, para atingir o Reino divino.

É necessário que a ovelha reconheça a porta da redenção, com o discernimento imprescindível, e lhe guarde o rumo, despreocupando-se dos apelos de ordem inferior, a eclodirem das margens do caminho.

Daí concluirmos que a cordura, para ser vitoriosa, não dispensa a cautela na orientação a seguir. (*P. N.*)

O LIVRO ESPÍRITA

Cada livro edificante é porta libertadora.

O livro espírita, entretanto, emancipa a alma nos fundamentos da vida.

O livro científico livra da incultura; o livro espírita livra da crueldade, para que os louros intelectuais não se desregrem na delinquência.

O livro filosófico livra do preconceito; o livro espírita livra da divagação delirante, a fim de que a elucidação não se converta em palavras inúteis.

O livro piedoso livra do desespero; o livro espírita livra da superstição, para que a fé não se abastarde em fanatismo.

O livro jurídico livra da injustiça; o livro espírita livra da parcialidade, a fim de que o direito não se faça instrumento da opressão.

O livro técnico livra da insipiência; o livro espírita livra da vaidade, para que a especialização não seja manejada em prejuízo dos outros.

O livro de agricultura livra do primitivismo; o livro espírita livra da ambição desvairada, a fim de que o trabalho da gleba não se envileça.

O livro de regras sociais livra da rudeza de trato; o livro espírita livra da irresponsabilidade que, muitas vezes, transfigura o lar em atormentado reduto de sofrimento.

O livro de consolo livra da aflição; o livro espírita livra do êxtase inerte, para que o reconforto não se acomode em preguiça.

O livro de informações livra do atraso; o livro espírita livra do tempo perdido, a fim de que a hora vazia não nos arraste à queda em dívidas escabrosas.

Amparemos o livro respeitável, que é luz de hoje; no entanto, auxiliemos e divulguemos, quanto nos seja possível, o livro espírita, que é luz de hoje, amanhã e sempre.

O livro nobre livra da ignorância, mas o livro espírita livra da ignorância e livra do mal.

Emmanuel[1]

---

1 Página recebida pelo médium Francisco Cândido Xavier, em reunião pública da Comunhão Espírita Cristã, na noite de 25 de fevereiro de 1963, em Uberaba (MG), e transcrita em *Reformador*, abr. 1963, p. 9.

O EVANGELHO NO LAR

Quando o ensinamento do Mestre vibra entre quatro paredes de um templo doméstico, os pequeninos sacrifícios tecem a felicidade comum.[*]

Quando entendemos a importância do estudo do Evangelho de Jesus, como diretriz ao aprimoramento moral, compreendemos que o primeiro local para esse estudo e vivência de seus ensinos é o próprio lar.

É no reduto doméstico, assim como fazia Jesus, no lar que o acolhia, a casa de Pedro, que as primeiras lições do Evangelho devem ser lidas, sentidas e vivenciadas.

O espírita compreende que sua missão no mundo principia no reduto doméstico, em sua casa, por meio do estudo do Evangelho de Jesus no Lar.

Então, como fazer?

Converse com todos que residem com você sobre a importância desse estudo, para que, em família, possam compreender melhor os ensinamentos cristãos, a partir de um momento de união fraterna, que se desenvolverá de maneira harmônica e respeitosa. Explique que as reflexões conjuntas acerca do Evangelho permitirão manter o ambiente da casa espiritualmente saneado, por meio de sentimentos e pensamentos elevados, favorecendo a presença e a influência de Mensageiros do Bem; explique, também, que esse momento facilitará, em sua residência, a recepção do amparo espiritual, já que auxilia na manutenção de elevado padrão vibratório no ambiente e em cada um que ali vive.

Convide sua família, quem mora com você, para participar. Se mora sozinho, defina para você esse momento precioso de estudo e reflexões. Lembre-se de que, espiritualmente, sempre estamos acompanhados.

Escolha, na semana, um dia e horário em que todos possam estar presentes.

O tempo médio para a realização do Evangelho no Lar costuma ser de trinta minutos.

As crianças são bem-vindas e, se houver visitantes em casa, eles também podem ser convidados a participar. Se não forem espíritas, apenas explique a eles a finalidade e importância daquele momento.

O seguinte roteiro pode ser utilizado como sugestão:

Preparação: leitura de mensagem breve, sem comentários;

Início: prece simples e espontânea;

Leitura: *O evangelho segundo o espiritismo* (um ou dois itens, por estudo, desde o prefácio);

Comentários: breves, com a participação dos presentes, evidenciando o ensino moral aplicado às situações do dia a dia;

Vibrações: pela fraternidade, paz e pelo equilíbrio entre os povos; pelos governantes; pela vivência do Evangelho de Jesus em todos os lares; pelo próprio lar...

Pedidos: por amigos, parentes, pessoas que estão necessitando de ajuda...

Encerramento: prece simples, sincera, agradecendo a Deus, a Jesus, aos amigos espirituais.

As seguintes obras podem ser utilizadas nesse momento tão especial:

O evangelho segundo o espiritismo, como obra básica;

Caminho, verdade e vida; Pão nosso; Vinha de luz; Fonte viva; Agenda cristã.

Esse momento no lar não se trata de reunião mediúnica e, portanto, qualquer ideia advinda pela via da intuição deve permanecer como comentário geral, a ser dito de maneira simples, no momento oportuno.

No estudo do Evangelho de Jesus no Lar, a fé e a perseverança são diretrizes ao aprimoramento moral de todos os envolvidos.

FEB editora
Livro espírita para um novo mundo
www.febeditora.com.br
@febeditoraoficial
@febeditora

Conselho Editorial:
Carlos Roberto Campetti
Cirne Ferreira de Araújo
Evandro Noleto Bezerra
Geraldo Campetti Sobrinho – Coord. Editorial
Jorge Godinho Barreto Nery – Presidente
Maria de Lourdes Pereira de Oliveira
Miriam Lúcia Herrera Masotti Dusi

Produção Editorial:
Elizabete de Jesus Moreira

Revisão:
Jorge Leite

Capa e Projeto Gráfico:
Ingrid Saori Furuta

Diagramação:
Thiago Pereira Campos

Foto de Capa:
http://www.istockphoto.com/kemie

Normalização Técnica:
Biblioteca de Obras Raras e Documentos Patrimoniais do Livro

Esta edição foi impressa no sistema de Impressão pequenas tiragens, em formato fechado de 140x210 mm e com mancha de 94x160 mm. Os papéis utilizados foram o Off White 80g/m² para o miolo e o Cartão 250g/m² para a capa. O texto principal foi composto em fonte Adobe Garamond Pro 12/15,3 e os títulos em District Thin 20/20. Impresso no Brasil. *Presita en Brazilo.*